DIE LETZTE BASTION DER ZIVILISATION:
JAPAN IM JAHR 2041

EINE ANALYSE DES SZENARIOS

ANDREW BLENCOWE

Copyright © 2016 Hamilton Bay Publishing

Dieses Buch ist ein Werk spekulativer Fiktion. Von daher haben die vorkommenden Ereignisse hypothetischen Charakter und sind ein Ergebnis der eigenen Mutmaßungen des Autors.

978-0-947480-05-9 – E-Book
978-0-947480-04-2 – Taschenbuch

Auch auf Japanisch und Deutsch erhältlich

Herausgegeben von Hamilton Bay Publishing
publish@HamiltonBayPublishing.com

CONTENTS

Vorwort i

Einführung: Die 500-Jahre-Regel v

1 Der Aufstieg des japanischen Superreichs:
  2010 bis 2040 1

2 R**3: Roboter, die Roboter bauen, die Roboter bauen,
  eine umgangssprachliche Geschichte 13

3 Der Pakt von Nordasien: Japan und Nordkorea in
  der Mitte des Jahrhunderts 41

4 Das Beenden der Dürre in der Konföderation
  von Nordchina 47

5 Hyper-Gewalt in Amerika: das „Wolfie"-Phänomen 51

6 Die Revolution der Stromversorgung: 1990 bis 2040 . . 57

7 Der intellektuelle Zerfall und Nationenstaat:
  2022 bis 2041 75

8 Die Geburt und der Tod des Euro 81

9 Das Paradox des Wachstums:
   Japan von 2014 bis 2041 85

10 Die Designkonzepte des F89 Hyper-Kampfflugzeugs. . 103

11 Die Übermacht von „One Voice" In Europa,
   2010 Bis 2041 113

12 Der Aufstieg und Aufstieg des US-Präsidenten
   Sebastián López 127

13 Perlen vor die Säue: Schweine und der Zusammenbruch
   des kommunistischen China. 133

14 Die Entmannung des amerikanischen Mannes
   durch Östrogenvergiftung 149

15 Die Kampagne vom 20.2.2020:
   Japan steht schließlich stolz da 155

16 Bridgestone-Sterne 163

17 Japanische „Paradiese" reinster Nahrungsmittel 171

18 Japanische Wirtschaftsentwicklungspartnerschaften
   2041: eine Tour des Horizontes 179

Danksagungen 191
Bibliographische Anmerkungen 193
Über den Autor 205

VORWORT

DIES IST EIN FIKTIVES WERK. Allerdings sind alle aufgeführten Statistiken vor dem Jahre 2016 genau und korrekt. Alle Charaktere, die in diesem Werk erscheinen, sind frei erfunden. Jegliche Ähnlichkeit mit Organisationen oder wirklichen Personen – lebendig oder verstorben – ist reiner Zufall.

●

Wenn man Veränderungen von Tag zu Tag betrachtet, scheinen sie wie im Zeitlupentempo vor sich zu gehen. Aber in Wirklichkeit ist das Gegenteil der Fall: die Allgegenwärtigkeit des Internets: 10 Jahre; das Außer-Gebrauch-Setzen der Flotten der Welt: zwei Tage durch die *Monitor* und die *Virginia*; der Aufstieg der amerikanischen Autoindustrie von einem Traum zum größten Bestandteil des US-BIPs: 30 Jahre; die Erschaffung des modernen Japan in der frühen Meiji-Periode: neun Jahre.

Die Kernaussage dieses Romans ist der unvermeidliche Aufstieg Japans zur alleinigen globalen

ANDREW BLENCOWE

Supermacht in den nächsten 25 Jahren. Die Tatsache, dass diese Idee von allen Seiten als lächerlich erachtet wird – vor allem von Seiten Japans –, verleiht der Auffassung nur noch mehr Glaubwürdigkeit. Kein Mensch weiß, was in den nächsten 25 Jahren geschehen wird, aber eines ist sicher: Es wird sich sehr von dem unterscheiden, was vom aktuellen konventionellen Wissensstand vorausgesagt wird.

Der Grundstein dieser Behauptung ist, dass sich die westliche Gesellschaft in die falsche Richtung bewegt, vor allem was die traditionelle, normale Familie anbelangt. Abgesehen davon, dass sich der Westen über die Werte der traditionellen Familie lustig macht, so hat die westliche Bevölkerung sich nunmehr etwas zu eigen gemacht, das man „Multikulturalismus" nennt – ein entartetes Konzept, wie es nicht schlimmer geht. Im Gegensatz dazu ist die japanische Gesellschaft wunderbar homogen und unvermischt.

Ein wesentlicher Unterschied zwischen der aktuellen alleinigen Supermacht und der Supermacht, die hier vorausgesagt wird, ist, dass die wichtigsten drei Worte für Amerikaner „ich, ich, ich" sind, während die wichtigsten drei Worte für die Japaner „wir, wir, wir" sind – und schon immer waren. Die Japaner nennen das die „Macht der Harmonie".

DIE LETZTE BASTION DER ZIVILISATION

Ein weiterer Blickwinkel, von dem man dies betrachten kann, ist: Ein amerikanischer Ingenieur, ein koreanischer Ingenieur und ein japanischer Ingenieur sind in etwa dasselbe. Aber 10 japanische Ingenieure in einem Team arbeiten immer – ausnahmslos – besser als 10 amerikanische oder 10 koreanische Ingenieure. Und weshalb? Dank der Macht der Harmonie.

> Andrew Blencowe
> Roppongi Hills, Tokio,
> Mittwoch, 4. Februar 2015

EINFÜHRUNG: DIE 500-JAHRE-REGEL

DIE MENSCHEN BRÜSTEN SICH, INDEM sie denken, dass sie aufgeklärt, intelligent und unparteiisch sind. In Wahrheit ist aber genau das Gegenteil der Fall.

Und das gilt für Historiker genau so – oder selbst noch mehr – als für andere. Allein die Tatsache, dass man ein Professor ist, schränkt die Fähigkeit zu widersprechen und zu argumentieren in tödlicher Weise ein; heutzutage gibt es so viele Dogmen, die auf dem langen, schmerzhaften und qualvollen Weg zum Lehrstuhl akzeptiert werden müssen. Bei nur dem kleinsten Ausrutscher, der einem durch eine geringfügige Mutmaßung passieren kann – dass Frauen möglicherweise von Natur aus nicht zur Wissenschaft hin tendieren oder dass die Tatsache, dass John Keynes pädophil war, seine Denkweisen beeinflusst hat – und die massive Wut der zornigen Priesterschaft erscheint augenblicklich wie ein böser Rachegeist. Das Zeitalter der Aufklärung ist dabei, in den westlichen Universitäten genau so ausgelöscht zu werden, wie das frühe Mittelalter begann – Dogmen übertrumpfen Ehrlichkeit.

ANDREW BLENCOWE

Daher ist es nicht überraschend, dass die provokativsten und herausforderndsten Bücher über Geschichte von Journalisten und anderen Außenseitern geschrieben werden, die nicht an solch erstickenden Vorurteilen leiden wie dem ungleichen Verhältnis von weiblichen und männlichen Engeln auf einer Nadelspitze, wie die Titelseite der New York Times in berechtigter Empörung wiedergab.

Und wie es sich bei jedem Dogma verhält, so müssen nachfolgende Generationen von Historikern damit zugleich diese Regeln akzeptieren, wenn sie auf eine Arbeitsstelle hoffen, genau wie alle Wirtschaftler die Theorie der Kapitalmarkteffizienz akzeptieren müssen, und zwar ungeachtet der wirklichen Tatsachen.

●

Der Mythos des guten Krieges, der in Amerika sehr beliebt ist und als Grundlage für alle Geschichtswissenschaft in England verwandt wird, ist ein exzellentes Beispiel für dieses Dogma. Die alleinige Diskussion der Mutmaßung, dass England (in der Verkleidung als „Großbritannien") und Amerika im Zweiten Weltkrieg auf der falschen Seite kämpften, ist pure Ketzerei. Und Ketzerei ist es aus einem einzigen Grund – es zerstört alle westliche Geschichtsschreibung seit 1945. (Dasselbe gilt für „den Krieg, um Kriegen ein Ende zu

DIE LETZTE BASTION DER ZIVILISATION

setzen" – man erwähne bloß nicht Belgiens mächtiges und fürchterliches Sklavenimperium in Afrika – das größte und brutalste der Welt; „das arme kleine Belgien" löst sich in Luft auf.)

•

Manche Menschen sind der Ansicht, dass der Holocaust zu sehr betont wird. Eine jüngste Studie verfügte, dass jeder, der diese Auffassung teilte, definitionsgemäß antisemitisch sei. Ganz offensichtlich hat Israel ja den Holocaust sehr effektiv als Peitsche eingesetzt, um dem Westen Hiebe zu verpassen, und zwar seit das Wort „Holocaust" in den frühen siebziger Jahren aufkam, um ausschließlich den Massenmord an Juden zu beschreiben. Diese Vermutung hat allerdings noch eine viel finsterere Seite. Der Holocaust wird verwendet, um die Vorstellung des „guten" Krieges zu stärken.

Die traurige Wahrheit ist, dass Stalin in Wirklichkeit der größte Massenmörder der europäischen Geschichte war. Während das Vergleichen von jeweiligen Massenmorden von Millionen unschuldiger Menschen Mathematikern ähnelt, die die Unbegrenztheiten der Unendlichkeit diskutieren, so war Stalin doch um Einiges schlimmer als der bittere, hasserfüllte Österreicher und seine Kohorten. Deshalb kämpften Amerika und England auf der falschen Seite. Und aus diesem

ANDREW BLENCOWE

Grund starten und beenden Amerika und vor allem England alle Diskussionen über den Zweiten Weltkrieg mit dem Holocaust: weil sie müssen.

●

Genau wie der Beginn des Ersten Weltkrieges war der Beginn des Zweiten Weltkrieges reiner Zufall. Dann machte Premierminister Neville Chamberlain den schrecklichen Fehler, dem Land Polen im Britischen Unterhaus am Freitag, den 31. März 1939 um 14.52 eine unhaltbare Garantie anzubieten:

> *Wie dem Haus bekannt ist, werden nun gewisse Beratungen mit anderen Regierungen fortgeführt. Um die Position der Regierung Seiner Majestät in der Zwischenzeit, bevor diese Beratungen abgeschlossen sind, unmissverständlich klarzustellen muss ich das Haus nun davon unterrichten, dass die Regierung Seiner Majestät während dieser Phase im Falle jeglicher Handlung, die eindeutig die polnische Unabhängigkeit bedrohen würde und aufgrund derer die Regierung Polens es demzufolge als lebenswichtig ansähe, das Land mit seinen nationalen Truppen zu verteidigen, sich umgehend verpflichtet fühlen würde, der*

DIE LETZTE BASTION DER ZIVILISATION

polnischen Regierung alle in ihrer Macht stehende Unterstützung zu leisten. Unsere Regierung hat der polnischen Regierung diesbezüglich eine Zusicherung gegeben.

Ich darf hinzufügen, dass die französische Regierung mich autorisiert hat klarzustellen, dass Frankreich in dieser Sache auf der gleichen Seite steht wie die Regierung Seiner Majestät.

Nur wenigen Menschen ist klar, dass Chamberlain genauso egoistisch und aufgeblasen war wie sein Nachfolger. Die überraschende obige Erklärung machte er, ohne sich zuvor mit seinen Kollegen im Kabinett zu beraten, wie es seine Art war. Die Franzosen waren entsetzt darüber, in diesen Wahnsinn verwickelt zu werden. (Die Franzosen gerieten in Panik, als Chamberlains durchdringende Stimme am ersten Sonntag im September 1939 bekannt gab, dass er den Zweiten Weltkrieg gestartet hatte – die Franzosen wollten 1939 in keinster Weise die Deutschen bekämpfen und übrigens auch zu keiner anderen Zeit.)

Der einzige Grund für einen der größten politischen Fehltritte des zwanzigsten Jahrhunderts war die Verbitterung, die Chamberlain empfand, weil er nach der Konferenz in München im September 1938 ausgetrickst und bloßgestellt worden war.

Als Deutschland schließlich Polen angriff, startete Großbritannien den Zweiten Weltkrieg, indem es aus dem fadenscheinigen Grund Krieg erklärte, dass Polens „Integrität" verletzt worden war. Großbritannien zog ein äußerst widerstrebendes Frankreich, das sich mit Händen und Füßen wehrte, mit sich in den Wahnsinn. Als die Russen dann zwei Wochen später selbst in Polen einmarschierten, um die verbleibende Hälfte zu besetzen, die nicht schon von den Deutschen eingenommen worden war, wurde logischerweise nichts unternommen. Und weswegen? Deutschland war der Feind – lass die Fakten niemals eine gute Theorie zerstören.

●

Eng verwandt mit der Idee des „guten Krieges" ist die Vorstellung von Kriegsverbrechen. Kriegsverbrechen sind sehr einfach zu definieren: Ein Kriegsverbrechen ist ein Verbrechen gegen Zivilisten und unbewaffnete Soldaten, *das von der verlierenden Seite begangen wird.* Demzufolge werden Katyn, das riesige amerikanische Todeslager in den Vogesen, der Holocaust von Dresden, Tokio, Hiroshima und Nagasaki alle als Kriegsverbrechen ignoriert – aus dem einfachen Grund, dass

DIE LETZTE BASTION DER ZIVILISATION

diese Grausamkeiten von den Siegern begangen wurden – Sieger: gut; Verlierer: böse.

Um Clausewitz zu zitieren: *Geschichte ist die Weiterführung von Politik mit anderen Mitteln* – Geschichte wird benutzt, um Vorurteile und Unwahrheiten zu stärken und dadurch die Handlungen einer Nation akzeptabel zu machen. Der wichtigste Teil dieser Idee ist die Vorstellung von Gut und Böse, oder noch engstirniger: von guten Menschen und bösen Menschen.

Die Alliierten England, Amerika und Russland waren also die guten Menschen und die Deutschen und die Japaner die bösen Menschen. Und dies beruht nicht auf einer fairen und objektiven Analyse, sondern nur auf der Tatsache, dass die Alliierten gewannen – die Gewinner schreiben die Geschichte. (Das gleiche kann über Roosevelt und die letzte Große Depression gesagt werden – weil die Statisten mittlerweile vollständig die Geschichte kontrollieren, wird Roosevelt als der Erretter aus, anstatt als der Urheber der Großen Depression betrachtet.)

•

Im zwanzigsten Jahrhundert gab es vier große Ereignisse: die beiden Kriege, Stalins Morde und die sogenannte Spanische Grippe. (Spanien war in beiden Kriegen neutral und vermied so die erstickende Zensur der

Kriegsteilnehmer; die spanischen Zeitungen waren die ersten, die von der Pandemie berichteten, besonders angesichts der Tatsache, dass der König von Spanien eines der frühen Opfer war; in Wirklichkeit hatte die Pandemie gar nichts mit Spanien zu tun.)

Im weitesten Sinne starben im Ersten Weltkrieg 16 Millionen Menschen, im Zweiten 60 Millionen, Stalin tötete 30 Millionen, und die Pandemie forderte 70 Millionen Menschenleben. Also ist es eindeutig die Frage, weswegen die Engländer am laufenden Band zahllose Miniserien über den Zweiten Weltkrieg produzieren, die mit so viel Eifer konsumiert werden, und zwar nicht zuletzt von den amerikanischen Zuschauern? Wo sind all die Miniserien über die Pandemie? Und weswegen gibt es keine? Die Antwort ist einfach: Es gab keine „guten" und „bösen" Menschen – die Pandemie war vorurteilsfrei und völlig objektiv – sie vernichtete, ohne sich um Land oder Ideologie zu kümmern.

Gewinner und Verlierer, die Gut und Böse definieren, gibt es aber nicht nur in der bigotten und von Dogmen regierten englischsprachigen Welt – der erste Vorsitzende des modernen China brachte über 10 Millionen Menschen um, aber es sind die Japaner, die für die Gräueltat in Nanking zur Rechenschaft gezogen werden, obwohl Mao tausendmal so viele Menschen

DIE LETZTE BASTION DER ZIVILISATION

umgebracht hat. Weswegen? Die Japaner haben den Zweiten Weltkrieg verloren.

•

Bei dem Angriff der Sowjets auf Berlin vergewaltigten russische Soldaten annähernd zwei Millionen deutsche Frauen. Manche Frauen wurden 60 oder 70 Mal vergewaltigt. Ein britischer Historiker nannte das *„das größte Ereignis von Massenvergewaltigung der Geschichte"* und folgerte, dass allein in Ostpreußen, Pommern und Schlesien mindestens 1,4 Millionen wehrlose Frauen vergewaltigt wurden; man schätzte, dass für 240.000 Frauen die Vergewaltigungen zum Tod führten. Trotz alledem darf aber Stalins mörderische Raserei niemals in einer Miniserie erscheinen, da das beweisen würde, dass England und Amerika den falschen Feind bekämpften.

•

Was ist also die Lösung?

Sie ist eigentlich sehr einfach – wir ignorieren alle Geschichtskunde, die über Ereignisse der letzten 500 Jahre geschrieben wurde. Wenn wir diese einfache, aber effektive Betrachtungsweise verwenden, können wir Geschichten und Analysen bezüglich der Niederlage der römischen Legionen in der Schlacht

ANDREW BLENCOWE

beim Teutoburger Wald im Jahre 9 AD vertrauen; den Ursachen des Ersten Weltkrieges vor gerade einmal 100 Jahren allerdings nicht. (Es gibt in England eine einflussreiche historische Denkrichtung, die reichlich Beispiele von Kaiser Wilhelms Untaten enthält. Heute, nur knappe 100 Jahre später, müssen alle englischen Historiker als Teil ihrer professionellen Einführung diesem Dogma Gefolgschaft schwören.)

1

DER AUFSTIEG DES JAPANISCHEN SUPERREICHS: 2010 BIS 2040

Von James Jesus Galbraith
Canadian Advanced Projects Research Agency – CAPRA
Mittwoch, 16. Januar 2041

DIE WICHTIGTUERISCHEN UND GESCHNIEGELTEN RATSCHLÄGE, die Japan von selbsternannten westlichen Experten gegeben wurden, erreichten vor dreißig Jahren ihren Höhepunkt – es war um die Zeit der ersten Phase dessen, was die damaligen Zeitungen „Abenomics" nannten. Seither hat sich viel geändert – Japan ist zur alleinigen Supermacht aufgestiegen.

In den dreißig Jahren von 2010 bis 2040 ist Japans BIP auf einen erstaunlichen Durchschnitt von 4,9 % pro Jahr gestiegen. Der Anstieg war ungleichmäßig verlaufen – die geringfügigen Rezessionen von 2021 und 2024 und die große Rezession von 2029 sind drei Beispiele, wo das Wachstum nahezu komplett stillstand.

ANDREW BLENCOWE

Nichtsdestotrotz ist das durchschnittliche jährliche Wachstum von 4,9 % von einer noch überraschenderen Entwicklung überschattet worden – und zwar stieg die Wachstums*rate* in diesen drei Jahrzehnten: 1,9 % von 2010 bis 2019; 4,6 % von 2020 bis 2029; 5,9 % von 2030 bis 2039. Und dieses Wachstum in Japan ereignete sich vor dem Hintergrund einer anämischen weltweiten Wachstumsrate von 0,5 %.

Den nunmehr schweigenden westlichen „Experten" fehlt jegliche Erklärung hierfür. Der heimliche japanische Witz besagt, dass man die Ratschläge dieser Experten aus dem Westen gründlich studiert habe, bis man alles komplett und perfekt verstand, und dann genau gegensätzlich gehandelt habe.

Ein exzellenter Ausgangspunkt, um das strahlend emporstrebende Wachstum Japans in den letzten dreißig Jahren zu verstehen, ist es, einen Blick auf Bildung zu werfen. Während es ein wenig überzeugendes, altes Klischee ist, die Japaner als harte Arbeiter zu bezeichnen, ist dieses Klischee doch viel zu vereinfachend, um Anfechtung auch nur zu verdienen. Und es spricht nicht einmal im Ansatz den wahren Grund an.

●

Ein viel grundlegenderer – und genauerer – Grund ist die Familienstruktur. Vor nur 25 Jahren, im Jahre

DIE LETZTE BASTION DER ZIVILISATION

2016, drängten schrille westliche Kommentatoren die Japaner dazu, deutlich mehr Frauen in der Arbeitswelt zu haben – um die traditionelle Rolle der japanischen Frau als Mutter zu zerstören. So lachhaft es inzwischen auch scheint – diese bizarren und überdrehten Ideen wurden geschaffen, um Japan „fortschrittlicher" zu machen – so wie den Westen; man denke an einen Alkoholiker, der den Wert des Dauertrinkens anpreist.

Im Jahre 2018 stieg die Unehelichkeit in den Vereinigten Staaten zum ersten Mal über 50 % und die Unehelichkeitsrate unter Schwarzen über 85 %. Zur gleichen Zeit war die Rate der Unehelichkeit in Japan 0,4 %. Die frühere und bahnbrechende Winegarden-Untersuchung war die erste, die das toxische Verhältnis von Sozialhilfe und Unehelichkeit aufdeckte – nämlich, dass Unehelichkeit in direktem Zusammenhang mit Sozialhilfe steht und Sozialhilfe in direktem Zusammenhang mit Unehelichkeit. Seit den 60er Jahren leistete die amerikanische Bundesregierung meisterhafte Arbeit darin, die schwarze Familie zu zerstören. Und weil ihr das nicht genug war, entschied sie, dass die weiße amerikanische Familie genauso zugrunde gerichtet werden sollte.

ANDREW BLENCOWE

Soziologen und Wirtschaftler haben eine Naivität ohnegleichen, wenn es darum geht, Menschen zu verstehen; für beide dieser Gruppen übertrumpft die elegante Theorie immer die Realität – die Menschen geraten einfach nur in den Weg. Im Gegensatz dazu vertreten echte Berufe – vor allem in Jura und der Medizin – einen viel zynischeren Blickwinkel. Bedauerlicherweise spiegelt dieser zweite Blickwinkel die wahre Natur der menschlichen Gegebenheiten viel akkurater wider.

Es war also ein furchtbarer Schock für westliche Soziologen, die gemütlich in ihren Elfenbeintürmen von Stiftungen und Universitäten saßen, festzustellen, dass Sozialhilfeempfänger von nacktem Selbstinteresse regiert wurden. Diese Menschen würden die ständig wachsende Palette der Sozialbezüge ausnutzen, indem sie Kinder hatten, nur um das System zu melken. Im Vereinigten Königreich wurde es so schlimm, dass im Jahre 2019 täglich 250 Millionen Dollar aus dem System abgeschöpft wurden. (Das war einer der Hauptgründe dafür, dass das Vereinigte Königreich den japanischen Banken gegenüber im Jahr 2022 seine Zahlungsverpflichtungen nicht einhalten konnte.)

DIE LETZTE BASTION DER ZIVILISATION

Vor dreißig Jahren machte ein scharfsinniger Beobachter des Bollwerks der konventionellen Anschauungen der Führungsschicht – der Universität Harvard – darauf aufmerksam, dass ein Kind wohlhabender Eltern über 6.000 Stunden mehr „bereichernde Aktivitäten" bekam als ein uneheliches Kind. Diese sogenannten bereichernden Aktivitäten waren Dinge, wie in den Park oder Zoo zu gehen oder vorgelesen zu bekommen, oder Musikunterricht; im Wesentlichen Aktivitäten außerhalb des gewöhnlichen Stundenplans; in Japan sind es 15.000 Stunden.

Während also die notleidende, alleinerziehende amerikanische Mutter die Vorstellungen und Dogmen der Wortführer von der sogenannten „Befreiung" bereitwillig akzeptierte, war die traditionelle japanische Familie in Wirklichkeit unendlich überlegen – was von harten Statistiken bewiesen wurde.

Die japanische Kindererziehung durch die eigene Mutter des Kindes stellte sich als einer der beiden Antriebsfaktoren heraus, die Japan zur größten Wirtschaftsmacht der Welt vorwärtstrieben, die 2040 21 % des weltweiten BIP ausmachte (die zweitgrößte war Deutschland mit 15 %).

Ein einfaches Beispiel ist ausreichend – japanische Mütter richten über zehn Millionen mehr Wörter an ihre Kinder, bevor sie das Alter von vier Jahren erreichen, als westliche Mütter. Westliche Regierungen brüsteten sich ohne Ende mit dem Anstieg des Geldbetrags, der den professionellen Pflegekräften kleiner Kinder bezahlt wurde. Die Japaner schweigen, weil es für sie ein Gräuel ist, ihre Kinder von bezahlten Helfern „überwachen" zu lassen, statt von ihren eigenen Müttern aufgezogen und geliebt zu werden.

Professor James Murray, Professor für Kindesentwicklung an der Universität Cambridge, hat letztens seine Entrüstung darüber zum Ausdruck gebracht, wie Mütter auf Fahrrädern in Tokio ständig mit ihren Kindern zu reden scheinen und die Fahrräder speziell dafür entworfen sind, ihre Kinder zu transportieren: „Es schien wie eine private, endlose Lektion dessen, was die kleinen Kinder beobachteten. Die Vorteile hiervon für die frühe kognitive Entwicklung sind immens."

•

Der zweite – und genauso wesentliche – Faktor des atemberaubenden Aufstiegs Japans in den Jahren seit 2010 ist die Homogenität der Nation. Während es heute, im Jahre 2040, Tatsache ist, dass der durchschnittliche japanische IQ 112 beträgt, so war das nicht immer der Fall – vor kurzer Zeit im Jahre 2015 zeigten die Rankings der mittlerweile nicht mehr existierenden Weltbank den durchschnittlichen japanischen IQ

DIE LETZTE BASTION DER ZIVILISATION

als 108 an. Einer der Hauptgründe für diesen signifikanten Anstieg lässt sich daran erkennen, dass die Bewertungen der Zeitgenossen in anderen Ländern stark gefallen sind – der durchschnittliche IQ eines erwachsenen Briten liegt heute bei 94, während der durchschnittliche IQ eines erwachsenen Amerikaners bei verwunderlichen 89 liegt. (Es sollte darauf hingewiesen werden, dass die jeweilige Unehelichkeitsrate in England und Amerika aktuell 55 % und 68 % beträgt; in Japan beträgt sie aktuell 0,9 %).

Selbstverständlich ist die Erziehung lediglich der Ausgangspunkt. Der Gewinn, der aus dem japanischen Ansatz resultiert, kann leicht mit einer großen Auswahl von Kriterien gemessen werden. Eines der besseren Kriterien sind Nobelpreise – in dem 2030 beginnenden Jahrzehnt gewannen Japaner acht von zehn jährlichen Physikpreisen; ein weiteres Kriterium sind Patente für Software und Robotik – weltweit wurden 68 % von ihnen japanischen Firmen erteilt; neun der zehn führenden Robotikfirmen sind inzwischen japanisch.

Und die Vorzüge des japanischen Bildungssystems hören mit diesen Kriterien noch nicht auf; in einem neuen Buch von Dr. Cameron Bell, *„Intelligenz und soziale Kohärenz"*, belegt Bell das umgekehrte Verhältnis von nationaler Intelligenz zu der Tendenz zu randalieren. Und Bell zeigt weiterhin – indem er die

USA als Beispiel benutzt –, dass, wenn der allgemeine IQ einer Nation abnimmt, die soziale Kohärenz auch nachlässt; Bell zeigt, dass das Verhältnis mehr als nur linear ist. Mit dem Fall des nationalen IQs der USA von 97 im Jahr 2016 auf den heutigen IQ 89 sind Krawalle (definiert als Störungen, die von einer Gruppe von mehr als 100 Menschen verursacht werden) um das 56-fache in die Höhe geschossen. In derselben Zeit blieb die Anzahl der Krawalle in Japan beständig auf null. Schlaue Menschen randalieren nicht, dumme Menschen randalieren.

●

Die japanischen Behörden heben gerne hervor, dass die Halbierung der Verbrechensrate in Japan seit 2036 größtenteils der Einführung der etwas kontroversen Einwanderungspolitik der ‚Reinen und Puren Haut' im Jahre 2036 zu verdanken sei – Fremde mit irgendwelchen Tätowierungen ist es nicht erlaubt, das Land zu betreten. Anfänglich erregte diese Richtlinie bei den alten Vereinten Nationen in New York empörtes Aufsehen, was zur Folge hatte, dass Japan keinen Sitz im Sicherheitsrat erhielt, was wiederum dazu führte, dass Japan die Vereinten Nationen verließ – beinahe auf den Tag genau einhundert Jahre, nachdem es den genauso unfähigen Völkerbund verlassen hatte.

DIE LETZTE BASTION DER ZIVILISATION

Nachdem die Einwanderungsrichtlinie der „Reinen und Puren Haut" eingeführt wurde, fiel die Verbrechensrate in Japan von den bisherigen 9,1 jährlichen Verbrechen pro 100.000 Menschen auf erstaunliche 0,8 jährliche Verbrechen pro 100.000 Menschen; die amerikanische Rate für dasselbe Jahr war 4.512 Verbrechen pro 100.000 Menschen.

Nach dem Erfolg der Einwanderungsrichtlinie der ‚Reinen und Puren Haut' wurde mit der Jagd auf die nigerianischen Schlepper, die zuvor Roppongi infiziert hatten, Ernst gemacht. Eine der einfachsten Techniken der Polizei war es, Fotos von Menschen zu den Akten zu nehmen, die öffentliche Telefone benutzten. Diese Telefone waren extra in Roppongi in der Innenstadt Tokios installiert worden. (In Japan ist ein Ausweis mit Bild Voraussetzung für das Erwerben eines Mobiltelefons; illegale nigerianische Einwanderer konnten niemals einen vorweisen.)

Dieses simple Hilfsmittel stellte eine grobe Datenbank von Bildern her, die dann automatisch mit der Datenbank der Vorstrafenregister verglichen wurde. Mithilfe dieses Ansatzes deportierte man täglich im Durchschnitt ein Dutzend nigerianische Kriminelle.

ANDREW BLENCOWE

Um die Jahrhundertwende sagten alle westlichen Experten durchgängig Düsteres über die Auslöschung der japanischen Rasse voraus. Obwohl es wahr ist, dass die japanische Bevölkerung von 126 Millionen Menschen im Jahre 2010 auf aktuelle 96 Millionen gefallen ist, haben diese Kassandras aber nicht die radikalen Veränderungen vorausgesagt, die die Robotertechnik und die weiter fortgeschrittenen Roboterentwickler mit sich brachten. Vor dreißig Jahren war die Rede vom massiven Zustrom von philippinischen Haushälterinnen und sogenannten Kindermädchen. Von Japan erwartete man, dass es Hong Kong imitieren würde, wo jede Mittelklassenfamilie eine Kinderfrau hatte. Aber die Japaner blieben sich treu und verwirrten diese selbsternannten westlichen Experten wieder einmal, indem sie die japanische „Robota-Freundin" bevorzugten – Hitachis fortgeschrittene Reihe von Begleitern; sie waren sauber, perfekt und vor allem sprachen sie fließend Japanisch.

Außer in Japan und Deutschland verursachte die weit verbreitete Massenarbeitslosigkeit, besonders bei jungen Menschen unter 25, in diesem Jahrhundert große soziale Unruhen. Der französische Aufruhr 2021 in Lyon, bei dem über 900 Protestierende getötet wurden, und der Zusammenbruch in Detroit im Juni, Juli, August und September 2025, als das gesamte

DIE LETZTE BASTION DER ZIVILISATION

Zentrum der Stadt von den 250.000 Mann starken „Ultra-Banden" dem Erdboden gleich gemacht wurde, sind nur zwei der etwas drastischeren Beispiele hierfür.

2

R**3: ROBOTER, DIE ROBOTER BAUEN, DIE ROBOTER BAUEN, EINE UMGANGSSPRACHLICHE GESCHICHTE

Von Harold Faraday
Schule für Ökonomie in Tokio
Montag, 4. Februar 2041

NACHDEM DER BOSTONER ZAHNARZT WILLIAM MORTON Äther als Betäubungsmittel entdeckt hatte, dauerte es nur sieben Wochen – 42 Tage –, bis es in den Vereinigten Staaten und allen europäischen Hauptstädten beinahe universal eingesetzt wurde. Die erste Operation unter dem Einfluss von Äther wurde am 16. Oktober in Boston durchgeführt; bis Mitte Dezember war der Einsatz von Äther allgegenwärtig geworden. Und in besagtem Jahr – 1846 – war die schnellste Kommunikationsmethode ein Brief, der von einem Postschnellzug transportiert wurde, der schätzungsweise 40 Stundenkilometer fuhr;

für die Einführung in Europa brauchte man sechs der sieben Wochen, um über den Atlantik zu segeln.

Während die Einführung des R3 statt Wochen vielmehr Jahre gedauert hat, so ist sein Einfluss doch mit dem Einfluss von Betäubungsmitteln vergleichbar. Und in beiden Fällen mussten veraltete, ergraute und falsche Annahmen korrigiert und in vielen Fällen sogar umgestoßen werden.

Im Fall des R3 gab es eine ganze Reihe von Missverständnissen bezüglich dessen, was heute als robotische Grundprinzipien gelehrt wird.

Eines dieser Missverständnisse war die Annahme, dass Roboter Aufgaben automatisieren würden, die zuvor von Menschen erledigt wurden. Der grundlegende Fehler bedeutete, dass sogenannte „robotische" Fabriken menschliche Fabriken nachahmten. Da eine der ersten Industrien, die diese die menschliche Arbeitskraft abschaffenden, robotischen Rahmenbedingungen einsetzten, die Autoindustrie war, war es nicht ungewöhnlich, in den frühen robotischen Fabriken Produktionsbänder zu sehen, die mit den ersten Produktionsbändern Henry Fords identisch waren – der einzige Unterschied war das Ersetzen von menschlichen Arbeitern durch Roboter.

DIE LETZTE BASTION DER ZIVILISATION

Obwohl es heute amüsant erscheint, so war dieses Missverständnis doch verständlich. Man untersuche den Motor eines 1903 Rolls Royce Ghost, und es drängt sich der Eindruck eines Schiffsmotors auf – die einzige verwendete Elektrizität war der Magnet, der die Zündkerzen zündete; alles andere waren Schwerkraftzufuhr und Kupferrohre; selbst die Scheinwerfer waren aus Azetylen. Wechsel braucht Zeit, weil alte Ideen, die für neue Konzepte nicht relevant sind, verbogen und verdreht werden in einem vergeblichen Versuch, sie zum Erfolg zu führen, genau wie es 1903 bei dem Ghost-Motor geschah. Der korrekte Ansatz ist es, ein neues Denkmodell anzuwenden, nicht die alte Kupferverkabelung zu verdrehen – ein Automobilmotor ist kein Schiffsdampfmotor.

Ein weiteres wesentliches Missverständnis lag am anderen Ende des „Lebenszyklus" – in den ersten fünfzig Jahren der Robotik wurden Menschen dazu eingesetzt, Roboter zu bauen. Wie in Kürze erklärt werden wird, war dies – wie die frühen primitiven „robotischen" Fabrikdesigns – ein Hauptgrund dafür, dass die Einführung echter Roboter so langsam vor sich ging.

Ein weiterer Faktor, der den weitverbreiteten Einsatz von Robotern begrenzte, war die Mentalität von sowohl den Ingenieuren als auch der Öffentlichkeit – für sehr lange Zeit wurden Roboter als sperrige, umständliche Maschinen betrachtet, die mit steifen Gliedern herum staksten wie ein Frankenstein von Lon Chaney und sich dann langsam zum Sprecher umdrehten und sich selbst mit ihrer metallischen Stimme anhörten wie ein „Marsmensch". Wie die meisten Fortschritte in der Robotik wurden auch diese Missverständnisse zuerst von den Japanern ausgeräumt.

Es war ein großer intellektueller Schritt nach vorne, als man verstand, dass Roboter genauso vielseitig waren wie Modedesign – sie waren nicht wie das eintönige, düstere Grün der Diktatur von Mao oder die Armeehüte der alten Sowjetunion, wo alle Hüte die gleiche Größe hatten und die Soldaten ihre Köpfe an die Hüte anpassen sollten.

Es waren die Japaner, die zuerst Roboter in der jetzigen 24-Automaten-Klasse kategorisierten, die heute Standard ist. Und es waren auch die Japaner, die in den frühen 2020-ern die Zwölftaster-Eigenschaften vorstellten, die heute ebenfalls Standard sind. Diese Eigenschaften entwickelten sich aus früheren Arbeiten an der Universität von Tokio über die funktionalen Spezifikationen von Robotern für Haushaltsassistenz. Diese Spezifikationen basierten wiederum auf den Ergebnissen von Doktorandenteams von Robotikern, die herausfanden, dass die älteren Kunden, für die viele frühe Roboter entworfen worden waren, sich vornehmlich über das kalte Plastik beklagten, aus dem die äußeren Schichten der Roboter bestanden.

Natürlich war das angesichts der Tatsache, dass Robotiker ursprünglich vor 30 Jahren als Ingenieure geschult worden waren, zu erwarten gewesen – Ingenieure als solche liebten das kalte und perfekte Plastik, das von der japanischen Firma Itco Plastics and Engineering hergestellt wurde, die Marktführer für Roboterplastik ist.

Es war die Erfindung und dann die Entwicklung der robotischen „Haut" aus synthetischem Mikrofaser-Tast-Gummi, die sogenannte „warme" Haut, die den ersten und wichtigsten Durchbruch darstellte. Die frühen Housebots der zweiten Generation waren alle mit diesem bemerkenswerten Material überzogen. Allerdings dauerte es nicht lang, bis sich die Kunden darüber beklagten, dass die warme Haut zu hart und rau sei – „es ist, als wenn man einen warmen Ziegelstein berührt", war eine gängige Beschwerde. Also sahen die Designer die Beschwerdenlisten durch und widmeten sich dann – ausgerechnet – der Winterhülle des Pfirsichbaumbohrwurms. Und es war dieses Konzept des Aufhängens der äußeren, warmen Haut auf einer Unterlage, als ob sie aus Fasern bestünde, das das Problem löste. Ähnlich wie eine dicke Schaumgummischicht auf kaltem, wenig einladendem Betonboden imitierte die neue, gefaserte Unterlage echte menschliche Hautschichten mit einer festen Außenschicht und weicheren Schichten darunter.

Die Funktionsweise der eigentlichen warmen Haut war sehr einfach – ein Mikrofaser-Material, durch das gereinigtes Wasser zirkulierte. Als man die Hauttemperatur des Roboters der Zimmertemperatur anglich, stieg die Attraktivität des Housebot sichtlich. Angleichen mag allerdings das falsche Wort sein; in Wirklichkeit bediente man sich der Hilfe einer Umkehrfunktion – im Sommer war die „warme" Haut angenehm kühl, während die „warme" Haut im Winter ihrem Namen alle Ehre machte. Besonders weibliche Kunden waren ganz angetan davon, wie weich, fest und dennoch sanft sich die Haut anfühlte; für die etwas verspielteren weiblichen Kunden waren viele späte Housebots der zweiten Generation optional mit einem Feature ausgestattet, das beschönigend die „Holländische Ehefrau" genannt wurde. (Natürlich waren die anatomischen Details dieser Housebots für die weiblichen japanischen Kunden die Umkehrung der traditionellen „Holländischen Ehefrau".)

Rückblickend lässt sich leicht erkennen, weswegen die Technologie der warmen Haut einen solch großen Unterschied machte – nun *fühlte* sich der Housebot wie eine echte Person *an*, und noch dazu wie eine, die

DIE LETZTE BASTION DER ZIVILISATION

sich nie mit dem Kunden stritt oder ihm auch nur widersprach, und außerdem fließend Japanisch sprach. Interessanterweise änderten viele Kunden manuell von Tag zu Tag den Akzent (es war ein Sortiment von 12 verschiedenen japanischen Dialekten vorhanden). Dies führte zur Entwicklung von verschiedenen Persönlichkeiten der Housebots, sodass der Kunde verschiedene Gäste dazu „einladen" konnte, ihm für den Tag Gesellschaft zu leisten. Darüber hinaus konnten auch verschiedene Libidostufen gewählt werden.

Außerdem erlaubten die Bewegungsalgorithmen, die von der Universität Yokohama entwickelt und von FACOM kommerzialisiert worden waren, es den Housebots, sich in der selben vielgestaltigen Art und Weise zu bewegen, in der sich ein echter Mensch bewegt – ein Unterschied wie Tag und Nacht zu dem steifbeinigen Lon Chaney.

Es waren diese natürlichen, physischen Aspekte des Housebots, die ihn so populär machten.

●

Ein Streitgebiet war die Software, die benutzt wurde. In den Housebots der ersten und frühen zweiten Generation war das Gerät vollkommen in sich abgeschlossen; war es einmal gekauft und installiert worden, musste der Housebot einfach nur elektrisch aufgeladen werden.

Selbst diese frühen Maschinen verlangten einen starken Bordcomputer. Aber die späteren Geräte der zweiten Generation warfen die ganze Softwareplanung wieder um: Anstatt unabhängig zu sein und einen starken Bordcomputer zu haben, waren diese Geräte dazu entworfen worden, von der All Nippon Housebot Control Facility betrieben zu werden – das Wort allein ein Zungenbrecher für jeden Internet- und Xnet-Ansager, selbst wenn die Abkürzung „ANHCF" verwendet wurde.

Allerdings waren die Vorteile offenkundig – die spätere zweite und die dritte Generation der Housebots entwickelte sich von unabhängigen, einfach nur besseren Staubsaugern mit Beinen zu Geräten, die Zugriff auf das Wissen riesiger Datenbanken und außerdem die geballte Rechenfähigkeit eines Datenzentrums hatten, um – beinahe in Echtzeit – über ein Kohorten-Set intelligente Schlüsse ziehen zu können.

Der Vorzug dieses Ansatzes wurde besonders durch den Fall des Giftmischers von Shanghai deutlich gemacht, Li Wu Dan. Dieser Herr versetzte – aus immer noch unbekannten Gründen – über 1000 Flaschen Neurosepific (das gängige Schlafmittel) mit Strychnin. Li war Woodwards ursprünglichem Ansatz gefolgt, das

DIE LETZTE BASTION DER ZIVILISATION

Gift zu synthetisieren, statt es zu kaufen; man fasste ihn letztendlich aufgrund seiner Unfähigkeit, es zu unterlassen, in Chaträumen des alten Stils online damit anzugeben.

Drei ältere Kunden hatten Flaschen aus demselben Laden gekauft. Und in allen drei Fällen benachrichtigte der Housebot der Kunden augenblicklich sowohl die ANHCF-Zentrale in Hokkaido als auch den lokalen Rettungsdienst in Shanghai, als die Opfer begannen, sich vor Schmerzen zu krümmen. Da alle drei Fälle nach 22 Uhr auftraten, verweigerte der lokale Rettungsdienst die von Amts wegen erforderliche Hilfe, es sei denn, eine „Überstundenprämie" wurde in bar bezahlt. Und da die drei von Krämpfen geschüttelten Opfer nun kaum in der Lage waren einzuwilligen, sendete der zentrale japanische Nachrichtendienst einen Shanghai-weiten Notruf. Und wie dem so geschah, überlebten alle drei älteren Opfer, nachdem sie jeweils von einem Dänen, einem Deutschen und einem Schweden ins Krankenhaus gebracht worden waren.

Aber noch wichtiger waren die Nachrichten, die an die anderen 190 Housebots in Shanghai gesendet wurden, um ihre Kunden vor dem Medikament zu warnen. Es stellte sich heraus, dass zwei der 190 Kunden gerade die besagte vergiftete Medizin hatten einnehmen wollen.

ANDREW BLENCOWE

In mancher Hinsicht war der Vergiftungsfall von Shanghai ein zweischneidiges Schwert. Die Kunden waren begeistert, und die Verkaufszahlen der Housebots schossen in die Höhe, nicht nur in Shanghai, sondern in der gesamten Südlichen Konföderation der Chinesischen Staaten. Aber die Shanghaier Behörden erkannten richtigerweise, dass die Abhängigkeit von einer fremden Macht, und noch dazu einer Macht, die einhundert Jahre zuvor beinahe die Macht im gesamten Land übernommen hatte, wahrscheinlich keine so gute Idee war.

Aber mit der öffentlichen Würdigung der japanischen Housebots, die in Shanghai chinesische Leben gerettet hatten, gab es wenig, was die chinesischen Behörden sich zu tun trauten. Und so wurde die Anwesenheit eines japanischen Housebots schnell zum ultimativen Statussymbol unter den ewig unsicheren Chinesen und besonders unter den statusbewussten Shanghaiern.

Man braucht nicht zu erwähnen, dass eine Anzahl von Firmen mit Sitz in Guangdong innerhalb von weniger als einem Monat begannen, Nachbauten auf den Markt zu bringen. Diese Situation bewies wiederum die Macht der zentralen Einflussnahme – jede Woche druckte der japanische Hersteller einfach fünf Fragen in der Shanghaier Zeitung ab, die man seinem

DIE LETZTE BASTION DER ZIVILISATION

Housebot mündlich stellen sollte; die chinesischen Nachbauten waren dumm.

Und es war an dieser Stelle, dass die Weisheit der ANHCF ersichtlich wurde. Ja, die chinesischen Nachbauten waren typischerweise unverlässlich und brachen oft zusammen; aber für eine einfache Modeschau für dumm glotzende Gäste waren ein oder zwei schnelle Runden durch die schäbige Hotelhalle mehr als ausreichend.

Aber der wirkliche Vorteil des Housebots lag nicht in seiner manuellen Arbeit, sondern in seiner Intelligenz – einer Intelligenz, die von der ANHCF stammte, und in der Macht der Möglichkeiten, eine gigantische Menge anscheinend zufälliger Daten zu korrelieren – der Fall des Giftmischers von Shanghai war ein einfaches, aber perfektes Beispiel.

●

Außerdem war die Telemetrie der japanischen Housebots nicht nur den Chinesen ein Dorn im Auge, sondern auch den Amerikanern. Da die Housebots eine persönliche und urheberrechtlich geschützte Mikrowellentechnologie verwendeten, die sich noch dazu der 64k-Verschlüsselung bediente, machte es die Chinesen, und noch mehr die Amerikaner, wahnsinnig, dass sie nicht herumschnüffeln konnten. Ohne eine Möglichkeit, die Kommunikation auszuspionieren, griffen die Amerikaner vom Jahr 2020 an darauf zurück, den Import und die Benutzung von japanischen Housebots 13 Jahre lang zu verbieten. Amerikanische Haushalte verstießen jedoch ständig gegen dieses Verbot, und im Jahre 2033 sah die US-Regierung schließlich ein, dass das Verbot zwecklos war.

●

Die warme Haut war die zweitwichtigste Entwicklung des Housebots. Das, was die warme Haut in punkto Bedeutsamkeit schlug, war nicht überraschend. Es war die Entwicklung einer vollständig funktionstüchtigen Hand, oder in Robotiker-Fachsprache der Hoshibot, benannt nach Akira Hoshi, dem Leiter der Technischen Universität Yokohama, der 19 Jahre damit verbrachte, dieses einmalige Gerät zu entwerfen.

Hoshi war ursprünglich der Programmierer gewesen, der für dieses Projekt abgestellt war. Als Sohn eines reichen Immobilienentwicklers aus Tokio war Hoshi ein verwöhntes Kind gewesen, und er entwickelte sich, was nicht überraschend war, zu einem verwöhnten Besserwisser. Ein beinahe tödlicher Motorradunfall änderte das aber für immer. In einer heißen Samstagnacht im Juli 2019 fuhr Hoshi auf seiner geliebten BSA 650 Lightning. An der Hauptkreuzung am Fuß

DIE LETZTE BASTION DER ZIVILISATION

der Roppongi Hills fuhr er bei Rot über eine Ampel und wurde beinahe von einem Taxi geschnitten, das rechts abbog. In seinen Bemühungen, dem Taxi auszuweichen, musste er die BSA flach legen, die über den Asphalt rutschte und in die Menge raste, die im Außenbereich des sehr großen Starbucks saß.

All das geschah in weniger als einer halben Sekunde.

Hoshi versuchte aufzustehen, aber seine beiden Beine waren zerschmettert worden, als er den weißen Schutzgeländerpfosten getroffen hatte. Traurigerweise war er auf den letzten Pfosten des Geländers gestoßen – mit einem bisschen Glück wäre Hoshi mit ein paar Kratzern davongekommen (wie es auf seine dralle Beifahrerin zutraf).

Wie es das Schicksal wollte, war das der sprichwörtliche Segen…

Sechs Wochen lang fest im Streckverband im Krankenhaus zu liegen, gab Hoshi Zeit nachzudenken. Sein Vater trug zu Hoshis tiefen philosophischen Gedanken bei, indem er fragte:

„Was zur Hölle hast du dir denn dabei gedacht, du verdammter Vollidiot?"

Hoshi schwieg.

Aber trotzdem registrierte er die tiefe Weisheit der Gedanken seines Vaters.

●

Romanautoren tendieren dazu, reiselustige Leute zu sein. Der Grund ist einfach: Neue Umgebungen stimulieren die Phantasie des Autors. David Cornwall, Gore Vidal, und allen voran Somerset Maugham waren permanent auf Reisen. Neue Restaurants, neue Ausblicke, neue Gerüche, neue Frauen, alle helfen dem kreativen Prozess. Scott Fitzgeralds Gatsby-Roman, der in Zimmer 254 des Hotel Ritz in Paris geschrieben wurde, ist nur eines von vielen Beispielen.

Genauso war es mit Hoshi. Und es war nicht der Geruch von Desinfektionsmitteln und den geschmacklosen Krankenhaus-Mahlzeiten, sondern die Stille des privaten Krankenzimmers. Er lag alleine mit seinen Gedanken. Der Tatsache gewiss, dass seine geliebte BSA nicht mehr als zwei verbogene Ventile erlitten hatte, als der Motor überdrehte, konnte Hoshi in Ruhe nachdenken. Und das tat er.

●

Seine erste Anfrage richtete sich an die private Krankenschwester. (Hoshis Vater hatte die Schwestern persönlich aufgrund ihrer Körpermaße ausgewählt – „Es sind zwei gebrochene Beine, kein verdammter Krebs", hatte

DIE LETZTE BASTION DER ZIVILISATION

sein Vater den Manager des Privatschwesterndienstes angebellt.)

„Bitte bringen Sie mir eine ungeöffnete Packung Fertignudeln, eine ungeöffnete Dose norwegischer Sardinen und eine Dose Suntory Malzbier."

Die dralle Schwester wollte sich gerade über das Bier beklagen, als Hoshi hinzufügte:

„Ich werde keinen dieser Gegenstände öffnen."

Die Schwester, deren Hauptattribute auf ihrer Brust lagen und nicht zwischen ihren Ohren, befand es für schlauer, nichts zu sagen und diese Merkwürdigkeit einfach Hoshis Vater zu berichten, den sie sehr mochte, nicht zuletzt aufgrund seiner Großzügigkeit; für einen alten Herrn war der Vater außerdem überraschend athletisch, fand die Schwester.

●

Es war diese Reihe von Ereignissen damals im Juli 2019, die 19 Jahre später zu dem Gerät führte, das die Welt heute den „Hoshibot" nennt.

Die dämliche, aber gut proportionierte Krankenschwester und die drei anderen Schwestern, die vom Vater Hoshis angeheuert worden waren, begannen, sich um den Sohn zu sorgen. Ihre Sorgen verschwanden aber, als der Vater der führenden Schwester einen Klaps auf den Hintern gab und rief:

„Perfekt! Verdammt perfekt!"

Alle vier Schwestern lächelten höflich, selbst nachdem der Vater gegangen war.

Nur zwei Jahre später begannen die Vier zu verstehen, als der Sohn ihnen allen Karten zum Neuen Jahr schrieb, in denen er ihnen dafür dankte, dass sie, wie er es fasste „sich mit einer Anfrage herumgeschlagen hatten, die damals so verrückt schien, dass sie an Wahnsinn grenzte."

Es stimmte, dass die vier Schwestern unabhängig voneinander gesehen hatten, dass der Patient die Gegenstände auf dem Tablett anstarrte, und zwar jeweils stundenlang. Selbst wenn die Schwestern hereinkamen, um das Zimmer zu lüften und seine Bettlaken auszuwechseln, sagte er nichts und starrte nur die ganze Zeit die ungeöffnete Packung Fertignudeln, die Sardinendose und die Dose Suntory-Bier an.

„Schmuggelt er vielleicht irgendwie Drogen herein?" fragten sie sich.

Dieser Gedanke wurde aber sofort wieder verworfen, da Hoshi seit über vier Wochen keinen Besuch gehabt hatte.

DIE LETZTE BASTION DER ZIVILISATION

Als er aus dem Krankenhaus entlassen wurde, brachte er die drei Gegenstände zu seinem Professor für Computerwissenschaft an der Universität Yokohama.

Vorsichtig legte er die drei Gegenstände auf den Schreibtisch des Professors. Dann sank Hoshi in einen Stuhl, da seine beiden Beine sehr schmerzten und nach sechs Wochen im Bett auch sehr schwach waren.

„Das ist das Problem, das Japan lösen muss."

Hoshi sah seinen Professor an.

„Erläutern Sie," war die wortreiche Antwort.

„Nun, diese drei Gegenstände repräsentieren im Kleinen genau das, was wir brauchen, um unseren Freunden an der Universität Tokio zu helfen."

Dem Professor war Hoshis Interesse an Robotik, wie man es damals nannte, gut bekannt.

„Professor, wir haben ins falsche Ende des Teleskops geblickt. Sehen Sie, wir können die Software ganz einfach herstellen – Sie haben mir das selbst beigebracht."

Daraufhin lächelte der Professor ironisch, da er die Richtigkeit dieser Behauptung irgendwie anzweifelte. Er sagte aber nichts. Hoshi fuhr fort:

„Die Software ist einfach herzustellen, aber wir sehen nicht das Ganze. Was wir nicht sehen, ist die Art des Problems. Wir analysieren das Problem falsch; wir denken nur in Beziehung auf Kodierung. Was wir tun müssen, ist, einen Hochgeschwindigkeitsfilm von einer menschlichen Hand zu drehen, die eine Dose Sardinen öffnet, und ihn dann Bild für Bild zu schneiden. Wir müssen die Idee von Newtons Kalkül benutzen, um die Handlung in unendlich kleine Schritte zu zerlegen. Dann müssen wir die gleiche menschliche Hand nehmen, ihr ein örtliches Betäubungsmittel spritzen und den Prozess wiederholen. Wir vergleichen die beiden Filme nebeneinander in einem geteilten Bildschirm, und wir haben die Antwort."

Der Professor schwieg.

Hoshi wollte gerade etwas sagen.

Der Professor machte eine Handbewegung, um ihm Einhalt zu gebieten.

„Ich hoffe, dass die Regierung an dem Ort Ihres Motorradunfalls in Roppongi Hills eine Plakette anbringt."

Hoshi hob die Augenbrauen.

„Ihr Konzept ist kühn und phantasievoll .... Moment."

Mit diesem Kommando hob der Professor den Telefonhörer ab. Trotz – oder vielleicht aufgrund – der Tatsache, dass er einer der Top-10 Computerwissenschaftsprofessoren in Japan war, fand der Professor jegliche Form von Technologie äußerst fragwürdig. Sein geflügeltes Wort war: *„Je mehr sich eine Person mit*

DIE LETZTE BASTION DER ZIVILISATION

Technologie umgab, desto weniger verstand sie Technologie." Den Gipfel dieser Wahrheit stellten Verkäufer dar, die darauf bestanden, das allerneuste Spielzeug verkaufen zu wollen – wie einen alternden Vampir, der das Blut einer Jungfrau aussaugte –, um ihre vollständige Ignoranz zu verdecken: „Aber das hier geht bis 11," wie es in dem Film „Die Jungs von Spinal Tap" heißt.

„Professor Subari, hallo. Ich möchte ein gemeinsames Projekt mit Ihren Leuten aufbauen. Wann? Na, heute natürlich. Ich schicke Ihnen den Teamleiter, den ich ausgesucht habe. Es ist der junge Hoshi."

Es gab eine Pause stillschweigenden Widerspruchs.

„Ja, das ist richtig. Sein Vater hat die Stiftung geschaffen, die Ihr Gehalt bezahlt."

In dieser letzten Aussage ließ sich die Zeit, die der Professor in Harvard verbracht hatte, erkennen und dass er die brutalen Methoden der amerikanischer akademischen Welt gelernt hatte – kein gewöhnlicher japanischer Professor wäre jemals so dreist, so kühn und so grob. Aber Hoshi dankte seinem Professor insgeheim für dieses Vorgehen.

●

So begann das, was sich als Japans wichtigste Erfindung herausstellen und von 527 Einzelpatenten geschützt sein würde, auf die bescheidenste und unverfänglichste

Art und Weise, die man sich vorstellen kann; die Maschinen, die das Gerät bauten, waren zudem noch mit weiteren 249 Patenten geschützt.

Vom Jahr 2038 an wurde der Hoshibot zu Japans größtem Generator von Staatseinkünften aus Übersee. Seine Verwendung war zu Beginn auf Housebots beschränkt, aber innerhalb von zwei Jahren war sein Gebrauch auf über 100 industrielle Verwendungszwecke ausgeweitet worden. Es wurden keine Lizenzen für die Herstellung vor Ort ausgestellt, da die Herstellung selbst urheberrechtlich geschützt war. Alle Länder akzeptierten dies, außer der Neuen Chinesischen Konföderation. Hier überließen sich die verschiedenen Mitglieder der Führung von Peking, das immer noch gewissen Einfluss hatte – viele würden sagen zu viel Einfluss –, weil es die alte Spitze der nicht mehr bestehenden kommunistischen Partei war.

Nach weniger als einem Jahr begannen die verschiedenen Mitglieder des „Neuen China" verstohlen, die Housebots japanischer Herstellung mithilfe der handelsüblichen Tricks von „Fremdimporteuren" zu importieren. Es war genau wie in den 55 Tagen im Jahre 1900, nur ohne die fliegenden Boxer.

DIE LETZTE BASTION DER ZIVILISATION

Das Geheimnis des Hoshibots war der Punkt, den Hoshi seinem Professor aufgezeigt hatte – sofortiges Feedback war genauso wichtig wie die Software. Mit dieser Idee waren die ersten neun Jahre des Projekts Nanosensoren gewidmet, die ein Zehntel so groß wie eine Nadelspitze sind und ihre Informationen an die zentralen Computer zurücksendeten. Unnötig zu erwähnen, dass bei über zehntausend Nanosensoren, die jeweils Datenpunkte mit einer Geschwindigkeit von zehn per Millisekunde senden, eine beträchtliche Bandbreite vonnöten war.

Die ersten Algorithmen waren sehr grob, selbst mit den damaligen Programmierstandards. Einer der ersten Durchbrüche von Seiten der Software war es, den Fokus von rohen Datenpunkten auf Veränderungen in Datenpunkten umzustellen. So offensichtlich es jetzt auch scheint, es war die Veränderung – das Delta –, das benötigt wurde. Wenn in diesem Datenpunkt von 100 Mikrosekunden keine Veränderung geschah, konnte der Datenpunkt praktisch ignoriert werden; sofortige, implizite Datenkompression.

Nach 19 Jahren wurde die Herstellung des Geräts von den drei Firmen Hitachi, Nippon Electrics und FACOM aufgenommen. Eine Reihe von eindrucksvollen Presseveranstaltungen fand stand. Verblüffenderweise war die machtvollste und im Xnet am meisten angeschaute eine inoffizielle, bei der ein nacktes Mädchen mit verbundenen Augen den Unterschied zwischen drei Liebhabern feststellen musste; es wurde ihr gesagt, dass zwei davon echte Männer waren und einer der neueste Housebot. Natürlich stimmte das nicht – alle drei waren Housebots, jeweils einer von jedem der drei Hersteller.

Nach zwei anstrengenden Stunden waren die Bettlaken nass vom Schweiß des Mädchens, und sie gab reuevoll zu, dass sie den Unterschied nicht feststellen konnte. Nachdem ihre Augenbinde abgenommen worden war, fiel sie aus allen Wolken, als sie nach ein paar Sekunden in dem abgedunkelten Raum feststellte, dass alle ihrer drei Liebhaber Housebots waren.

Die Präsidenten der drei Firmen hatten die Veranstaltung live beobachtet und eine ziemlich riskante Wette abgeschlossen. Alle drei Präsidenten waren insgeheim zufrieden, dass sie sich nicht würden blamieren müssen.

Die drei Männer wussten, dass sie auf Gold gestoßen waren, als das Mädchen freiwillig angab, dass sie „noch nie so weiche Hände auf ihrer Haut gespürt hatte" und dann, ohne dazu aufgefordert worden zu sein, fragte: Darf ich das morgen noch einmal machen?"

Was uns zum aktuellen Stand der Technik bringt.

DIE LETZTE BASTION DER ZIVILISATION

Es ist einfach zu sehen, wie weit der R3 seit diesen frühen Tagen fortgeschritten ist, den Tagen in denen Länderregierungen allen Ernstes glaubten, sie könnten Housebots verbieten, und dass ein solches Verbot Sinn machte. Dieses Fehlen von Weitsicht ist oft als Erklärung für den katastrophalen Niedergang herangezogen worden, den manche Länder in den letzten 25 Jahren erlitten haben – besonders der Großraum der Vereinigten Staaten.

Wie bereits angedeutet, war die Annahme, dass *Menschen* Roboter bauten, ein wesentliches mentales Hindernis, das man überwinden musste. Es gibt im Bezug auf diese Tatsache einen Präzedenzfall im Bereich der Softwareentwicklung. In den frühen Jahren der Softwareentwicklung kodierten die Programmierer ihre Programme von Hand, zuerst mit Lochkarten und später dann mit Bildschirm und Tastatur. Dann hatte schließlich ein schlaues Kerlchen den Einfall, ein Programm zu schreiben, das andere Programme schreibt. In Wirklichkeit war das eine einfache und logische Entwicklung. Aber im Gegensatz zu Äther als Betäubungsmittel dauerte es Jahre, bis diese Idee akzeptiert wurde.

Ein breites Spektrum von immer verrückteren Abkürzungen beschrieb diese Art der Softwaretechnologie. Einer der besser bekannten unter diesen bizarren

Namen war YACC – Yet Another Compiler Compiler. Aber der Samen war gesät worden, und schließlich schrieben auch die Robotiker diesen Ansatz auf ihre Fahnen.

•

Eine radikale Veränderung, die der R2 benötigte, war die Umstrukturierung von Fabriken. Früher, um das Jahr 1950, waren Fabriken Orte gewesen, an denen Dinge hergestellt oder wenigstens zusammengebaut wurden. Und diese Fabriken hatten Maschinen und Laufbänder, die fest im Boden verankert waren. Ein Arbeiter konnte an einem Freitagnachmittag um 5 Uhr die Fabrik in der festen Gewissheit verlassen, dass alle Ausrüstung an genau dem gleichen Platz sein würde, wenn er am Montagmorgen um 8 Uhr zur Arbeit kam – die Drehbänke, Fräsmaschinen, Bohrpressen und Räummaschinen würden alle da sein wie willkommene, alte Freunde, die auf Aufforderung hin sofort zu Hilfe kommen.

Und das Gleiche galt für Fließbänder, zum Beispiel in Autofabriken. Seit den frühen Fließbändern bei Ford hatte sich nichts geändert – sie waren von Chicagoer Schlachthäusern inspiriert gewesen, nur umgekehrt. Das Band würde am Montag immer noch genauso da sein, fest im Boden verankert, nur auf den

DIE LETZTE BASTION DER ZIVILISATION

Vorarbeiter wartend, der die Fertigungsschlange für die nächste Arbeitswoche wieder zum Laufen brachte.

Aber mit dem Beginn des R2 änderte sich all das. Statt einer feststehenden und unbeweglichen Ansammlung von Maschinen war der Fabrikraum nun mehr wie eine komplexe multidimensionale mathematische Matrix, wo jede Einheit eine Zelle war, die zu jeder einzelnen von einer Vielfalt von Aufgaben umprogrammiert werden konnte. So war die Fabrik von ehemals auf den Kopf gestellt – es waren nun keine maschinellen Werkzeuge mehr fest im Boden verschraubt – stattdessen wurde die gesamte Fabrik – als komplette Einheit – zum maschinellen Werkzeug.

Es war ein intellektueller Sprung nach vorne, der die Erschaffung der ersten Roboter erlaubte, die die Bezeichnung R2 wirklich verdienten.

Das Zusammenfließen dieser Ideen führte zu der Designrevolution, die den Anfang des R3 einläutete. Und wie Programme Programme schrieben, so entwickelte sich der R3 zu Robotern, die Roboter bauten.

●

Hoshis Überlegungen in dem stillen Krankenzimmer waren von den drei Objekten inspiriert gewesen, die 87 % der Arbeitsdomäne abdeckten. Die

Sardinenbüchse stellte sich als das Interessanteste heraus. Frühe Versuche hatten die Gegenwart eines cleveren Dosenöffners angenommen – man benutze ein Messer, um die Plastikverpackung zu öffnen und schneide dann die Dose mit einer rotierenden Scheibe auf. Und während es der Wahrheit entspricht, dass manche Menschen in der Tat ein Messer verwendet haben, um das Plastik zu entfernen, so war es doch bei Weitem einfacher, das Plastik herunterzureißen, da es so dünn und dazu bestimmt war, abgerissen zu werden.

Sobald das Plastik eingerissen war, benutzte der Mensch beide Hände, um die Büchse aus der eingerissenen Plastikverpackung zu holen. Des Öfteren gab der Hersteller eine quadratische Papiereinlage bei, auf der Werbung war. Die frühen R2-Housebots fielen auf diese Papierchen herein, bis ein Teammitglied zufällig mit seiner blinden Tante sprach, die den offensichtlichen, aber tiefsinnigen Kommentar von sich gegeben hatte: „Housebots und ich sind genau gleich – wir können nicht sehen, wir können nur spüren."

Der triviale Schritt des Schließens ihrer Augen half den Robotikern in ihrer Arbeit ungemein weiter. Nun betasteten sie die Ober- und Unterseite der Büchse, um festzustellen, ob ein Werbepapier vorhanden war. Und sobald dieses Papier entfernt worden war, konnte der Housebot die Büchse nun an ihrem Ring öffnen. Hier

DIE LETZTE BASTION DER ZIVILISATION

hatte dir R3-Generation einen leichten Vorsprung – diese Roboter mussten sich keine Sorgen darum machen, einen Fingernagel zu brechen.

Aber dem Designkonzept treu bleibend, öffnete die neue Generation die Büchse Sardinen auf genau die gleiche Art und Weise, auf die der Mensch es in den Hochgeschwindigkeitsvideos tat – und zwar hielt eine Hand die Büchse, während die andere den Ring zuerst zurückdrückte, um den abnehmbaren Deckel anzureißen, und den Ring dann griff und zurückzog.

Die frühen Designer, die im Grunde stets Ingenieure waren, ließen die Housebots die Büchsen zehnmal schneller öffnen, als echte Menschen es taten. Als Hoshi sich geduldig nach der Ursache erkundigte, antworteten die Ingenieure, die stets von Größerem träumten:

„Es ist doch so cool."

„Vergessen Sie cool, tun Sie es einfach so *sanft* wie möglich. Und ich möchte, dass Großmutter perfekt nachgeahmt wird."

Die meisten Ingenieure verstanden das Wort ‚sanft' aber nicht, und so musste Hoshi erklären: genau wie echte Menschen.

3

DER PAKT VON NORDASIEN: JAPAN UND NORDKOREA IN DER MITTE DES JAHRHUNDERTS

Von Akiko Akino
Universität Tokio, Fakultät Politik
Freitag, 1 März 2041

OBWOHL ES HEUTZUTAGE ALS DER Gipfel diplomatischer Normalität erachtet wird, so war die Liebesaffäre zwischen Japan und Nordkorea doch anfänglich ein Schock für alle Bürger der anderen Länder, und, weiß Gott, auch für viele Bürger der beiden betroffenen Länder.

Es war die alte monolithische chinesische Kriegslust und Blutrünstigkeit im frühen Teil dieses Jahrhunderts, die Nordkorea und Japan dazu antrieb, enge Freunde zu werden. Die alte kommunistische Partei, die damals ihren Sitz in Peking hatte, versuchte, die immer heftigeren Beschwerden der chinesischen Bevölkerung über die wachsende Dürre und die allgegenwärtige

Umweltverschmutzung abzuschmettern, indem sie böse Außenseiter heraufbeschwor, wie sie es seit 1949 getan hatte – „das arme China wird von habgierigen, fremden Teufeln überfallen…"

Und wie zu erwarten gewesen war, begann dies mit den Japanern und einer langen Liste wirklicher oder eingebildeter Übeltaten. Jeglicher objektive Vergleich mit den echten Übeltaten der Zeit von 1949 bis 1965, in der über 19 Millionen Chinesen durch die Hände der Kommunisten starben, wurde selbstverständlich nicht erwähnt.

Zum Leidwesen der immer nervöser und frenetischer werdenden Kommunisten war die Geschichte über die bösen Japaner nicht von der erhofften langen Dauer. Also wurde ein neuer Ansatz gebraucht, und man fand in Nordkorea einen weiteren Staatsfeind. Der Beginn dieses Mythos war die nordkoreanische Behauptung, dass Chang Song Taek ein chinesischer Agent war. Während das eindeutig unbegründet war, war die weißglühende Reaktion in China sowohl unüberlegt als auch kontraproduktiv. Und das war der Samen des großen Bruchs zwischen diesen ehemals engsten Verbündeten.

In dieses unberechenbare Durcheinander kam dann noch die regelmäßig wiederkehrende Hungersnot oberhalb des 38. Breitengrads; die Hungersnöte

DIE LETZTE BASTION DER ZIVILISATION

von 2019 und 2021 waren besonders schlimm – Fotos von amerikanischen Spionagesatelliten zeigten dies in grauenhaften Details – Bauern, die Holz aßen, Kannibalismus, Morde wegen einer Tasse Hirse.

Mit dem, was man heute nur atemberaubenden Elan nennen kann, traf sich der Premierminister Japans, Mr. Abe, in Pjöngjang mit Kim Jong. In einem zweistündigen Treffen heckten der damals jungenhafte Anführer und der japanische Premierminister ein Abkommen aus, das den Rest der Welt zuerst schockierte und dann extrem verärgerte.

Die Chinesen waren empört darüber, dass sie die brutal kalten Winter nicht mehr als Hebel dazu einsetzen konnten, den Willen der Nordkoreaner mit der unberechenbaren Einstellung des Benzinexports in den Wintermonaten zu brechen. Die Amerikaner waren entsetzt darüber, dass die Japaner die Kühnheit besaßen, darauf zu pfeifen, was die Amerikaner als einen wunderbar großzügigen Verteidigungsschirm erachteten, was die Japaner allerdings – richtigerweise – als ein patriarchalisches, neo-kolonialistisches Mischmasch von widersprüchlichen und selbstzerstörerischen Zielen ansahen, umgesetzt von der oft unwirschen und immer unhöflichen amerikanischen Armee, die zunehmend aus Analphabeten bestand, die mit der neuesten illegalen amerikanischen Droge vollgepumpt waren.

ANDREW BLENCOWE

Die Südkoreaner waren die Verblüfftesten – der einzige Grund zur Existenz des Südens war die Zerstörung des bösen Nordens. Für die Südkoreaner war es eine besondere Unverfrorenheit, dass die nördliche Hälfte Koreas Japan als den großen Befreier verkündete.

●

Immer ganz der Showman – oder wenigstens so viel, wie ein von Natur aus bescheidener Japaner sein kann –, gab Mr. Abe das Ergebnis des sogenannten Abkommens von Nordasien in einer hastig zusammengerufenen Pressekonferenz am Flughafen Hanada bekannt. Während im Hintergrund neugierige Reisende gesehen werden konnten, die ihre Koffer hinter sich herzogen, gab Abe ad hoc eine lange Erklärung des neuen Abkommens von sich. Die eigentliche Pressekonferenz dauerte um einiges länger als das tatsächliche Treffen in Pjöngjang. Ein gebildeter Londoner Finanzjournalist machte eine Bemerkung darüber, dass Abes Vorstellung ein bisschen wie eine zeitgenössische Version von Gladstones dreistündiger irischer Gesetzesvorlage war, nur länger.

In der Pressekonferenz erklärte Abe, dass Japan dem Norden ein industrielles Entwicklungsdarlehen von neun jährlichen Tranchen von 9000 Milliarden Gold-Yen pro Jahr gewährte; Abe hatte die Gold-Yen

DIE LETZTE BASTION DER ZIVILISATION

persönlich als die designierte Währung ausgesucht, um sowohl den Chinesen als auch den Amerikanern in unmissverständlichen Begriffen vom neuen Stand der Dinge zu berichten.

Darüber hinaus hatte Abe dem Norden versprochen, „unsere engen Freunde in Nordkorea an der Technologie von Hitachi-TeraPower teilhaben zu lassen." Bei dieser Bekanntgabe schnappten die etwas besser unterrichteten Journalisten im Publikum nach Luft, da die Hitachi-Technologie – basierend auf Superleitfähigkeit, die sich um flüssiges Helium herum ansammelt, sowohl bei den Amerikanern für ihre Windfarmen als auch bei den Chinesen sehr gefragt war; der Nutzen, den die Chinesen aus dieser revolutionären japanischen Erfindung hatten ziehen wollen, war nicht ganz klar, aber wenn die Amerikaner so scharf darauf waren, dachten die Chinesen, dass sie sie auch haben mussten.

Dass die Japaner diese Technologie Nordkorea zur Verfügung stellen wollten, statt sie mit den ewig lauten und protzigen Amerikanern und den genauso schrillen Chinesen zu teilen, war eine Beleidigung ersten Grades, und jeder wusste es.

Natürlich war es in Wirklichkeit ein wenig anders: Es stimmte, dass die Japaner das Netzwerk mit seinen spinnenartigen Haupttrassen der

TeraPower-Verbindungen installierte, aber es fand keine Übertragung von gewerblichen Schutz- und Urheberrechten statt. Wie Mr. Abe gegenüber einem führenden Mitglied der Opposition kurz und bündig bemerkte, während die beiden die Gesellschaft der vier reizendsten Hostessen genossen, die die Ginza zu bieten hatte, „wir geben ihnen den Kuchen, nicht die Zutaten und das Rezept." Diese akkurate Beschreibung beseitigte, gemeinsam mit dem Können der Damen, jegliche Nervosität des Oppositionsmitglieds.

•

Die Hitachi-TeraPower war eine Technologie, die nur wenige Außenseiter verstanden, mit Ausnahme davon, dass sie sie haben wollten. Selbst innerhalb Japans war die Technologie ein gut gewahrtes Geheimnis. Aber indem man Japans Expertentum in der Technologie für politische Zwecke einsetzte, kam das Abkommen von Nordasien zustande, und das Abkommen brachte eine neue Weltordnung mit sich.

4

DAS BEENDEN DER DÜRRE IN DER KONFÖDERATION VON NORDCHINA

Von Michio Tanaka
Wirtschaftsrat des Großraums Japan
Donnerstag, 14. März 2041

SELBST UNTER DEM ALTEN MONOLITHISCHEN China war Wasser das Problem. Es war nicht das Wasser an sich, sondern vielmehr sauberes und trinkbares Wasser. Im Jahr 2019, nachdem die südlichen Nahrungs-Aufstände so brutal unterdrückt worden waren, dachte das alte kommunistische Regime, das damals noch in Peking saß, fälschlicherweise, das Schlimmste wäre vorbei.

Aber es war ein Jahrzehnt später, im Jahr 2028, als die Jahresernte fehlschlug. Die anschließende Hungersnot im Norden erinnerte an das sowjetische Desaster von 1924 und an Mao Tse-tungs entsetzliche Hungersnot von 1957. Im Jahr 2028 hatte der Süden plötzliche und extrem teure Geschäfte mit Japan und den Philippinen gemacht, um Grundnahrungsmittel zu importieren, vorwiegend Reis und Fisch. Es war die Initiative des Südens gewesen, so spontan mit fremden Ländern zu verhandeln – was grundsätzlich gegen die Befehle von Peking verstieß. Das war der ersten Schritt zur Bildung dessen, was wir heute die Konföderation der chinesischen Nationen nennen, oder kurz CCN.

Es ist nützlich, sich ins Gedächtnis zu rufen, dass zwei Drittel des gesamten Farmlandes des alten Großraums China im ausgedörrten Norden liegt und die Wasserversorgung der ehemaligen kommunistischen Hauptstadt Peking in etwa der von Saudi-Arabien gleicht – 100 Kubikmeter Wasser pro Person pro Jahr.

Aber es war die Qualität des Wassers – oder vielmehr das Fehlen der Wasserqualität –, das den zweitgrößten Nahrungsnotstand der modernen Geschichte verursachte. Der Kern des Problems ist, dass Pflanzen nicht mehr leben, geschweige denn wachsen, wenn sie mit Wasser versorgt werden, das so stark verschmutzt ist. So verschmutzt, dass Teile des Gelben Flusses tagelang brannten, nachdem der Blitz eingeschlagen hatte. Und außer dem kompletten Fehlen von Wasser für die Landwirtschaft hatten die nördlichen Städte kein Trinkwasser. Menschen in ländlichen Gegenden spannten Plastiksegel auf, um Regenwasser zu sammeln; arme

DIE LETZTE BASTION DER ZIVILISATION

Menschen in den Städten begannen zu verdursten oder an chemischen Vergiftungen zu sterben.

●

Es war zu dieser Zeit, als die damals neue JAXAPower aus Japan auf den Markt kam. Die meisten Menschen vergessen, dass die ersten JAXAPower-Kraftwerke außerhalb Japans in den drei nördlichen Provinzen der CCN aufgestellt wurden. Diese Kraftwerke waren für China Geschenke des Himmels. Die ersten neun wurden strategisch an den Ufern des Gelben Flusses gebaut, in der Nähe von großen Städten und Farmen. Direkt neben jedem JAXAPower-Kraftwerk bauten die Japaner eine Entsalzungsfabrik. Wie Mr. Kato von der Firma Hitachi jedem der neugierigen lokalen Regierungsbeamten unermüdlich erklärte, war der Gelbe Fluss so verseucht, dass traditionelle Osmose nicht funktionieren würde, und es einfacher war, Standard-Entsalzungen vorzunehmen.

Der Nachteil der Entsalzung war der starke Energieverbrauch, ähnlich wie beim Schmelzen von Aluminium. Vor JAXAPower war das Fehlen von genügend Energie oft der beschränkende Faktor, der die Verwendung von traditionellen Entsalzungsmethoden verhinderte. Wie Mr. Kato erklärte, war ein JAXAPower-Kraftwerk, als ob man ein Tausendstel der gesamten

Sonnenhitze zur Verfügung hatte, die die Erde rund um die Uhr, Tag und Nacht, erreichte.

Mit dieser massiven Energiequelle war jede der Entsalzungsanlagen, die JAXAPower verwendete, in der Lage, täglich 11 Millionen Kubikmeter sauberes Wasser zu erzeugen. Insgesamt stellten diese 17 Entsalzungsanlagen über 10 % des Wasserbedarfs der chinesischen Nation bereit. Und weil diese 187 Kubikmeter so makellos waren, konnte dieses reine Wasser dafür verwendet werden, den Einfluss des Gelben Flusses zu schwächen, um das ausgetrocknete Ackerland zu versorgen.

Eine schwedische Studie zeigte, dass rund vier Millionen Menschen unnötig ums Leben kamen, weil die alte kommunistische Regierung so sehr dagegen war, neue japanische Technologie einzusetzen. Dies führte zu der Frustration, die in der Opferung der Verbotenen Stadt gipfelte.

5

HYPER-GEWALT IN AMERIKA: DAS „WOLFIE"-PHÄNOMEN

Von Masaru Watanabe
Universität Tokio, Fakultät Psychologie
Montag, 25. März 2041

DIE MEISTEN RÜCKBLICKE HEUTZUTAGE SEHEN die Wurzeln für Amerikas Epidemie von extremer Gewalt, die inzwischen auch Hyper-Gewalt oder Mob-Hyper-Gewalt genannt wird, in der Wahl des linken Bürgermeisters von New York City im Jahr 2013; ein Bürgermeister, der sich mit jedem Streik der Polizei oder der Feuerwehr mehr linke Überzeugungen zu eigen machte (und diese Streiks ereigneten sich während seiner Amtszeit in Rekordhöhe.)

Die vorangegangenen 12 Jahre waren die Zeit einer noch nie dagewesenen Neugeburt der damals größten Stadt des Landes gewesen. Bis zur Wahl von Michael Bloomberg hatte New York auf einer absteigenden

Parabel gestanden, die nur hin und wieder von kurzfristigem Optimismus und der Aussicht – wie weit entfernt auch immer – auf eine bessere Zukunft unterbrochen worden war. Aber diese angenehmen Zwischenspiele waren sowohl kurz als auch immer seltener.

 Alles in allem lebte die führende Stadt des Empire State – wie der Großteil Amerikas – in den Erinnerungen vergangener Herrlichkeit – Erinnerungen an die Wolkenkratzer, die das Erste waren, was die müden und zusammengekauerten Massen in der Neuen Welt gesehen hatten, als sie vor 150 Jahre durch Ellis Island kamen; die Träume von unbegrenztem Potential in einer neuen Welt, befreit von der Eintönigkeit, den Fesseln und der Kleinlichkeit Europas.

●

Wenn man heute zurückblickt, scheint es wahrscheinlich, dass der Höhepunkt der Pax Amerikana auf Dienstag, den 19. Dezember 1944, in Verdun fällt, als George Patton mit seiner Voraussicht Amerikas Genie der Ungeduld so eindringlich zeigte, als er Eisenhowers Frage beantwortete, wie bald Patton eine Befreiung der immer leicht bewaffneten Luftwaffentruppe U.S. 101 initiieren könne, die von Gerd von Rundstedt in der Bastogne eingeschlossen worden war – „Sobald Sie mit mir fertig sind."

DIE LETZTE BASTION DER ZIVILISATION

●

Aber von dieser Brillanz an war Amerika als Großmacht langsam, aber unaufhaltsam, abgestiegen – Niederlagen in asiatischen Kriegen von Vietnam bis Pakistan; Desaster im Irak und in Afghanistan; sowie moralischer und geistiger Zerfall zuhause.

Nur wenige Verfallsindizien gaben mehr Aufschluss oder waren tragischer als das der Negroiden Illegitimitätsrate oder kurz NIR. (Die Bezeichnung für Amerikaner afrikanischer Abstammung hat eine große Anzahl von Iterationen durchwandert – für lange Zeit war es „Neger"; dann, für einen kurzen Zeitraum von 30 Jahren war es „schwarz"; dann wurde es zu „Afro-Amerikaner"; dann ging es zurück zu „Neger", was größtenteils von jungen Negern verwendet wurde; und letzterer Ausdruck mutierte schließlich zu „Noz", was ganze sechs Wochen lang als cool, hip und modern angesehen wurde; dann ging es zu dem eher langweiligen und auf finstere Weise pseudo-wissenschaftlichen „Negroid" zurück. Zweifelsohne wird dieser Ausdruck ein oder zwei Dekaden lang in Umlauf bleiben, bevor er dann wiederum von einem neuen Ausdruck überholt wird.)

Ungeachtet des verwendeten Adjektivs war der Punkt, dass die Rate der unehelichen Geburten von

15 % im Jahr 1968 auf 70 % im Jahr 2012 in die Höhe schoss. Es gab eine große Bandbreite von Ursachen für dieses Desaster, von den gut gemeinten, aber unausgereiften Ideen des in Ungnade gefallenen Präsidenten Lyndon Johnson, der posthum zum Mord an seinem Vorgänger 1963 in der Elm Street in Dallas verurteilt worden war, bis zu den linken Liberationisten (die damals „Feministinnen" genannt wurden) – einer mittlerweile verbotenen Gruppe von Frauen, die die Ansicht vertraten, dass „Ehemänner unnötig waren", und den Medien, die die Phantasie von „Superfrauen" erschufen.

Ungeachtet der Ursachen waren die Auswirkungen aber immer dieselben – das Entstehen von Generationen des Lumpenproletariats – einem Mob von degenerierten Männern, die selten – wenn überhaupt – arbeiteten und die gemeinsam in eine explosive Mischung aus Drogen, Gewalt und extremer Frauenfeindlichkeit sanken. Da die männlichen Vorbilder – Väter und Onkel – dem Rudel völlig fehlten, gewannen diese jungen Männer ihr Wissen über die Außenwelt durch Hollywood und Videospiele.

●

Es war ein unberechenbarer Cocktail, der das „Wolfie"-Phänomen, wie man es heute nennt, verursachte.

DIE LETZTE BASTION DER ZIVILISATION

Wie es mit den meisten sozialen Phänomenen ist, nahm dieses aus sich selbst heraus zu – ein Ereignis auf YouTube führte zum nächsten. Es begann mit frustrierten und arbeitsunfähigen schwarzen Männern, die ältere weiße Damen mit der Faust ins Gesicht schlugen, um zu sehen, ob sie diese wehrlosen alten Damen mit einem Schlag umbringen konnten. Ein 16-jähriger Junge gab vor seinen Zellengenossen damit an, dass er an nur einem Nachmittag im April 2019 in Brooklyn Heights drei „weiße Schlampen" umgebracht hatte.

Wenn man ihn fragte, warum er das getan hatte, war seine Antwort: „Es gab mir ein richtig gutes Gefühl."

Als die Arbeitslosigkeit in den Vereinigten Staaten im Jahr 2028 nach dem Zusammenbruch von China langsam, aber unaufhaltsam auf 26 % stieg, wurde der einsame Wolfie zu einer viel finstereren Art von Bande. Nach den frühen Unruhen kam der Höhepunkt des Angriffs des Wolfie-Rudels in Chicago, wo in den vierwöchigen Krawallen über 9.000 Menschen ums Leben kamen. Drohnen, bewaffnete Autos, Satelliten – eine Unmenge an technischer Ausrüstung – waren nutzlos. Zu wissen, ja sogar zu sehen, was die 50.000 Randalierer taten, war von geringem Nutzen, da die Verteidiger aus traditionellen Schlägerpolizisten und verängstigten National-Gardisten bestanden, die nicht nur in der Unterzahl waren, sondern auch waffentechnisch den Wolfies total unterlegen waren.

6

DIE REVOLUTION DER STROMVERSORGUNG: 1990 BIS 2040

Von Yuuto Saitou
Japanischer Forschungsrat für Stromversorgung
Dienstag, 2. April 2041

IM JAHR 1990 WAR DER Prozentsatz des amerikanischen BPI, der von der Autoindustrie generiert wurde, gleich null – die Autoindustrie musste erst noch geboren werden. Im Jahr 1930 war der Prozentsatz 11 % und die größte Einzelkomponente des BPI.

Die gleiche schnelle Veränderung ereignete sich in den Jahren von 1990 bis 2040 in der Stromerzeugung. Mit der Ausnahme der Hydro-Elektrizität war vor dem Jahr 1990 weniger als ein hundertstel Prozent des Stromes in der entwickelten Welt von Solarenergie erzeugt worden. Heute, im Jahre 2041, sind es weniger als zehn Prozent, die *nicht* von Solarenergie erzeugt werden. Und der Verbrauch von „Strom" pro Kopf hat sich seit 1990 verzwölffacht. Dies ist größtenteils dem beinahe weltweiten Ersetzen von schmutzigen Hydrokarbonen durch sauberes Ultra-HTP zu verdanken, der Erfindung der Firma Hitachi in Japan, die mit dem AEG-Unternehmen in Deutschland zusammenarbeitet. Ultra-HTP wird mittlerweile in allem Möglichen eingesetzt, seien es Stratosphären-Personenflugzeuge oder 18-Rad-Lastwagen im Großraum der Vereinigten Staaten.

●

Die Entwicklung von Solarenergie in diesem bahnbrechenden Zeitraum von 50 Jahren ist in zwei Unterrubriken eingeteilt: herkömmliche Solarenergie und JAXAPower.

Ganz klar war die Entwicklung von JAXAPower die wichtigste dieser technologischen Entwicklungen, denn durch sie wurde innerhalb von 15 Jahren die Verwendung von Hydrokarbon-Brennstoffen unnötig, da JAXAPower die Welt mit extrem günstiger Energie versorgte. Und genau wie im zwanzigsten Jahrhundert neben Quellen von billiger und reichlicher Hydroelektrizität Aluminiumschmelzer erschienen, so waren die extrem geringen Kosten der von JAXAPower generierten Energie ein Anstoß für die Entwicklung von

DIE LETZTE BASTION DER ZIVILISATION

Ultra-HTP oder Hydrogen-Peroxid-Energie, oder auch „HyPower", wie sie generell genannt wird.

Die unbegrenzte Energieversorgung durch JAXA-Power bedeutet nun, dass HyPower der neue Standard für jegliche angetriebene Flugkraft geworden ist. Es ist wahr, dass HyPower außergewöhnliche Ingenieurarbeit benötigt – selbst eine Kurve von 90 Grad kann potentiell eine Explosion hervorrufen oder auch ein „Unerwartetes Brandereignis" in der Sprache der HyPower-Industrie. Aber inzwischen gibt es über 100 Firmen, die zur Herstellung und Auftanken von HyPower-Kraftwerken zertifiziert sind. Das bedeutet, dass der Flug mit Hydrokarbon heute genauso veraltet ist wie die ersten Flüge der Wrights in North Carolina, die mit ihren Vierzylindermotoren mit Saugventilen stolze 12 PS generierten.

Als die alten Vereinigten Staaten in den frühen 50er Jahren ein Monopol für die Generierung von Atomenergie hatten, sprachen viele Firmenchefs der Kraftwerke strahlend von „unermesslicher Energie". Diese Fantasie endete allerdings beinahe in einer anderen Form von Strahlen, auf die sich die Chefs nicht bezogen hatten – in den niemals endenden Katastrophen von Three Mile Island, Tschernobyl, Fukushima Daiichi, und am allerschlimmsten in dem Desaster von Chicago im Jahr 2022, bei dem 4.000

Menschen ums Leben kamen, nachdem die Stadt 2019 ihre Schulden nicht mehr hatte bezahlen können. Um „Geld zu sparen" reduzierte die Stadt die Inspektionen der Kühlleitungen und Pumpen um 75 %; und drei dieser Pumpen, die zur gleichen Zeit versagten, verursachten das Unglück (eine davon hatte tatsächlich schon früher versagt, aber niemand hatte es bemerkt).

Mit den 167 JAXAPower-Kraftwerken, die nun weltweit in Betrieb sind, ist reichliche und unbegrenzte Energie Realität geworden. Aber das sind die Entwicklungen der vergangenen zwanzig Jahre, 2021 bis 2041.

•

Genauso wichtig ist die Entwicklung in der früheren Periode von 1990 bis 2021, in der konventionelle Sonnenenergie anfing, Hydrokarbon und Atomenergie zu ersetzen.

In dieser früheren Periode waren die beiden Quellen Solarzellen und Windturbinen. Beide der letzteren haben eine schillernde Vergangenheit, gespickt mit einem unterhaltsamen Aufgebot an Bösewichten, andauernden Betrügereien und Hinterlist von Regierungen weltweit, die um die Oberhand kämpften und manches Mal versuchten, den Säugling in der Wiege zu töten (wie es bei den russischen Angriffen auf das Vereinigte Europäische Energienetzwerk der Fall

DIE LETZTE BASTION DER ZIVILISATION

gewesen war, die zuerst vom Kreml lächerlicherweise als Angriffe der Araber bezeichnet worden waren).

●

Das Spielertrio in den frühen Tagen der Solarkollektorenentwicklung waren die alten Vereinigten Staaten, die frühere EU, und China vor seiner Konföderation.

Wenn die heutige Bevölkerung auf diese früheren Jahre zurückblickt, ist es schwer für sie, das bizarre – und scheinbar irrationale – Verhalten dieser drei Spieler zu verstehen. In diesen Zeiten war das mittlerweile verworfene Konzept der „Preisunterbietung" noch im Schwange und wurde als ein durchaus legitimes wirtschaftliches und rechtmäßiges Konzept betrachtet. Glücklicherweise wurde dieses primitive Missverständnis endgültig von der Arbeit zweier Chicagoer Wirtschaftlern, Steve Lee und Thomas Benison, beseitigt, wofür sie 2032 den Wirtschaftsnobelpreis erhielten.

Die Kernaussage der Arbeit von Lee und Benison ist, dass das Konzept der Preisunterbietung vom falschen Standpunkt aus gesehen wurde – durch das falsche Ende des Teleskops, wenn man so will. Die klassische Sicht der Preisunterbietung war, dass der Täter versuchte, die industrielle Basis eines anderen Landes zu zerstören, indem er absichtlich ein Produkt oder einen Dienst zu einem Preis verkaufte, der geringer war als die Kosten. Laut dieser Ansicht konnten hiernach, wenn die Wettstreiter des anderen Landes bankrott waren, die bösen Täter beliebige Preise verlangen, da sie nun die einzige Quelle des besagten Produktes oder Dienstes waren.

Wie Lee und Benison in ihrer Beurteilung der Geschichte der Preisunterbietung aufzeigen, hatte dieses Konzept in der Tat vor 200 Jahren eine gewisse Glaubwürdigkeit und Plausibilität – als Fabriken Jahre oder selbst Jahrzehnte zu ihrer Errichtung brauchten, und vor dem freien Fluss von Informationen durch Zetta-Leitungen. Regierungen der vergangenen 50 Jahre folgten dem gleichen sinnlosen Ansatz, wenn sie versuchten, multinationale Firmen zu besteuern.

In beiden Fällen – Preisunterbietung und Steuern – war der irrtümliche Glaube, dass es schwer, teuer und mühsam war, in neuen Ländern Fabriken zu bauen oder neue Büros zu eröffnen.

•

Heute ist es Realität, dass eine automatisierte Solarzellenfabrik in sechs Wochen gebaut werden kann. Sowohl das Bauen der Fabrik als auch der Betrieb selbst werden heute komplett von Robotern ausgeführt. Und diese Roboter selbst werden wiederum auch von anderen

DIE LETZTE BASTION DER ZIVILISATION

Robotern gebaut. Im Juni 2039 baute Fanuc, weltweiter Marktführer in der Robotertechnik, innerhalb von 9 Tagen eine Solarzellenfabrik im nördlichen Hokkaido. Und diese Fabrik wurde vollständig von Robotern gebaut, die vom zentralen Fanuc-Kontrollzentrum beim Fuji-Berg gesteuert wurden; das Kontrollzentrum selbst ist vollautomatisiert. Vom Aufladen der Komponenten für das Förderband, von den automatisierten Fabriken in Yokohama auf die automatisierten Schiffe bis zum Abladen des fertigen Produkts der Solarzellen auf die Schiffe, die es zum Bestimmungsort des Kunden bringen, berührt kein Mensch das Produkt. (Laut der *Robotics Business Review* ist Fanuc heute, im Jahr 2041, größer als die anderen neun größten Robotertechnikfirmen zusammen.)

●

Der schwierigste intellektuelle Aspekt dieses neuen Ansatzes war die Einsicht, dass es überhaupt möglich war – ein wenig ähnelte das der Vorstellung eines bemannten Fluges im Jahr 1903. Es dauerte Jahre, bis man die mentale Brücke zum Verständnis von RBR – Roboter Bauen Roboter – gebaut hatte. Die früheste Phase von RBR wurde von der inzwischen nicht mehr existierenden Firma Google der alten Vereinigten Staaten ins Leben gerufen, die Vermessungsautos zunächst von Menschen und dann von Robotern steuern ließ, um Straßenkarten der Welt herzustellen. Und während diese Autos bald durch Flugdrohnen ersetzt wurden, so hatte das robotische Konzept sich festgesetzt.

Dann war es nur noch ein kleiner Schritt von Menschen, die in Fabriken Roboter bauten, zu Robotern, die in Fabriken Roboter bauten. Natürlich stellt robotische Automatisierung durch die Eliminierung von menschlichen Fehlern einen Anstieg im Produktionsausschuss dar, bei dem es Karl Marx geschaudert hätte – verbreitetes RBR machte alle wirtschaftlichen und politischen Theorien der vergangenen 200 Jahre komplett zunichte.

•

In einem amüsanten Theaterstück in den Testanlagen Fanucs wurde Politikern ein unendlicher Kreislauf gezeigt, in dem zwei Roboter im Tandem arbeiteten: Einer grub ein Loch in den Boden, und der andere füllte es wieder. Das Muster, das sich bildete, war das mathematische Zeichen für Unendlichkeit – eine seitliche 8. Das Fanuc-Team nannte diesen unendlichen Kreislauf „Den Traum Keynes". Ein ironischer Teil dieses Theaters war es, dass der erste Roboter dazu programmiert war, zwei Prozent schneller zu arbeiten als der zweite. Also war es unvermeidlich, dass der erste

DIE LETZTE BASTION DER ZIVILISATION

Roboter vorne lag. Und sobald der erste Roboter zwei Löcher Vorsprung hatte, hielt er inne und eine elektronische Stimme sagte in reinstem Cockney-Akzent: „Steh da nicht einfach so rum, beeil dich und komm in die Gänge!" Die Politiker schnappten nach Luft, als ihnen die Schlussfolgerung sofort klar wurde – Politiker können von Robotern keine Stimme bekommen.

●

Wie Lee und Benison so brillant zeigten, war Preisunterbietung kontraproduktiv. Der wirkliche Effekt dieser sogenannten Preisunterbietung war es, das kaufende Land zu subventionieren. Dies kam im Fall von Solarzellen am stärksten zum Ausdruck, da diese sich besonders leicht in einer robotischen Fabrik herstellen lassen.

Die ersten Länder, die aus dieser unbeabsichtigten Subvention einen Nutzen zogen, waren Deutschland und die Schweiz. Sogar schon 2013 war an manchen Tagen über 60 % der in Deutschland generierten Elektrizität Solarenergie. Und 2023 generierte Deutschland über 300 % des Elektrizitätsbedarfs von ganz Europa. Natürlich führte dies zu beachtlichen politischen Veränderungen, da Länder versuchten, ihre nationale Kapazität für Energieerzeugung aufrechtzuerhalten, indem sie auf die verrufene Atomkraft und veraltete, umweltverschmutzende Fossilenergie zurückgriffen. Aber angesichts der überwältigenden Ersparnisse – deutsche Solarenergie kostete weniger als ein Fünftel von Atom- und Fossilenergie –, war politische Veränderung unvermeidlich.

•

Es war der österreichische Wirtschafter Joseph Schumpeter, der 1942 mit seinem Buch *Kapitalismus, Sozialismus und Demokratie* das Konzept der kreativen Zerstörung bekanntmachte. Dieses Konzept, das in der wirklichen Welt auch so existiert, ist in den Augen der Politiker der Welt teuflisch. Und gerade, als die Deutschen und die Schweizer es so schön umgesetzt hatten, taten die anderen europäischen Länder das Gegenteil. In einem Schritt, der Ned Ludd das Herz erwärmt hätte, verabschiedeten Frankreich, Spanien und Italien alle gemeinsam Gesetze, die die Verwendung von billiger deutscher und schweizerischer Energie verhinderten, um „Heimatmärkte und Energieeinrichtungen zu stärken." Diese Gesetze ähnelten den 1880 zum Schutz von Gaslichteinrichtungen verabschiedeten, als der Gleichstrom des jungen Edison zum ersten Mal auftauchte. Und sie waren ungefähr genauso wirkungsvoll.

DIE LETZTE BASTION DER ZIVILISATION

Diese umstrittenen Gesetze waren die hauptsächliche Ursache für die plötzliche Entstehung der Währung Helvetika-Reichsmark (HRM). Zunächst wurde sie nur als virtuelle Währung als eine Spitzfindigkeit der Bilanzierung zum Verkauf von deutscher und schweizerischer Energie eingesetzt. Aber wie es mit echter Innovation so häufig der Fall ist, ersetzte sie den Euro, der ohnehin schon den Todeskampf kämpfte.

Einer der Hauptbegünstigten des massiven Anstiegs ultra-billiger Energie war das „europäische" Bahnnetzwerk, oder genauer das deutsch-schweizerisch-europäische Bahnnetzwerk. In der ersten Phase bestand dieses neue Bahnnetzwerk darin, dass das Europäische Bahnkonsortium von Plasser & Theurer, Siemens und Thyssen-Krupp bestehende Gleise und Signalanlagen ausbaute. In einer Wiederholung der Geschichte bestand das Firmenzeichen des Konsortiums aus den drei ineinandergreifenden Kreisen von nahtlosen Eisenbahnreifen, die von Alfred Krupp zwei Jahrhunderte zuvor patentiert worden waren.

Zunächst war diese Aufrüstung auf die Schweiz, Österreich und Deutschland begrenzt. Aber mit dem Jahr 2019 zwangen die enormen wirtschaftlichen Vorteile der Ultra-Hochgeschwindigkeitszüge die ehemals widerspenstigen Länder Frankreich, Spanien und Italien dazu, mit dem Hut in der Hand darum zu bitten, ihre Bahnsysteme vom Konsortium aufrüsten zu lassen. Als Teil dieses ersten Abschnitts von Aufrüstungen wurde die Helvetika-Reichsmark als alleinige Währung für den Austausch festgelegt. Und im Jahr 2020 war der Euro tot.

So, wie es bei dem Niedergang Chinas geschah, wurde der Euro nicht umgebracht – er ist immer noch die offizielle Währung 21 europäischer Länder. Aber sein Nutzen ist rein symbolisch geworden, genau wie beim europäischen Adel, der nun ohne die eleganten Uniformen und hübschen Kleider immer noch existiert. Die nationalen Währungen wurden wirkungsvoll durch ein einfaches Kunststück mit den nationalen HRMs wieder eingeführt – es gibt jetzt eine italienische HRM, eine spanische HRM und eine französische HRM und so weiter. Und mit dem Handel von sogenannten „HRM Paaren" in Zürich und Frankfurt war der Währungsmarkt mit aller Macht wieder erschienen – Jean Baptistes Sinnspruch scheint passend: *„Je mehr es sich ändert, desto mehr ist es die gleiche Sache."*

Also kauft heute eine Hausfrau in Madrid eine Melone, und der Preis ist als 0.65 E-HRM aufgeführt und wird von ihrer Einkaufskarte abgebucht.

DIE LETZTE BASTION DER ZIVILISATION

Die zweite Phase war die Entwicklung der beiden Etappen der Gleichstrom-Verbindung. Die erste Etappe ging bei Gibraltar von Afrika nach Europa hinüber. Das erste Testkabel wurde 2016 gelegt und war eine Unterwasser-Hängebrücke – im Wesentlichen war es einfach ein Drahtseil in 300 Meter Tiefe. Und wie die deutschen Ingenieure vorausgesagt hatten, zerriss und zerstörte natürlich ein in Panama registrierter Öltanker das Testkabel, indem er unabsichtlich seine Ankerkette hinter sich herzog.

Also bekamen die selbstgefälligen deutschen Ingenieure, was sie wollten, und das eigentliche Stromkabel wurde auf dem Boden des Ozeans eingegraben. „Eingegraben" ist jedoch das falsche Wort – das Kabel wurde auf einer Karbonfaser-Matte auf den Boden des Ozeans gelegt und dann mit einer konisch zulaufenden Hülle aus Beton vier Meter dick bedeckt. Tests mit allen gängigen Schiffsankern bewiesen die Effektivität dieses Designs.

Die eigentliche Verbindung misst 1,5 Meter im Durchmesser und besteht aus dem kupfernen Kern, der von flüssigem Stickstoff tiefgefroren wird, um den internen Widerstand auf beinahe Null zu reduzieren; Pumpstationen an jedem Ende kühlen den Stickstoff immer wieder neu. Durch dieses „Kabel" gehen über

70 Terawatt von den 121 Erzeugungsstationen in Marokko und Tunesien.

Die zweite Etappe, die 2034 fertiggestellt wurde, war am anderen Ende des Mittelmeers.

•

Selbst mit der ersten Verbindung wurden das Energieprofil und der Charakter Europas radikal verändert. Zum ersten Mal hatten Haushalte, Industrie und das schnell wachsende Bahnnetzwerk Zugriff auf Energie zu Traumpreisen – der Strompreis für alle Haushalte fiel von 60 alten Euro pro Megawatt im Jahr 2011 auf 0.1 alte Euro im Jahr 2027 (oder von 50 HRM auf 0.09 HRM).

Diese Revolution machte die traditionellen elektrischen Versorgungsunternehmen genauso relevant wie Gaslichtfirmen in den frühen 1900ern. Praktisch keiner der etablierten Energiekonzerne mit ihren ineffizienten und umweltverschmutzenden Kohlekraftwerken und ihren sogar noch finstereren und abscheulicheren Atomkraftwerken überlebte. Sie hatten alle den Kopf in den Sand gesteckt und sich einfach immer mehr mit ihren politischen Unterstützern für immer mehr Gesetze eingesetzt, die den Fortschritt stilllegen sollten. Und alles hatte nichts genutzt. Es stimmte, dass die Franzosen die lautesten Verteidiger dieses alten

DIE LETZTE BASTION DER ZIVILISATION

Regimes waren, aber wie beim ersten französischen Königreich war diese Verteidigung zwecklos; man denke nur an 1870 und Krupp und Frankreichs Niederlage oder an 1940 und die Wehrmacht und Frankreichs Niederlage oder an 1954 und Giap und Frankreichs Niederlage; die Franzosen waren Weltmeister im Verlieren von Kriegen.

●

Während Haushalt und Industrie beide in den vier Jahrzehnten nach 2014 den offensichtlichsten Nutzen aus der 500-fachen Senkung der Stromkosten zogen, so war es in Wirklichkeit das Bahnnetz, das den größten Nutzen zog. Und dieser Nutzen zeigte sich auf zwei verschiedene Arten. Die erste war das Umbauen der existierenden Dieselmotoren der Lokomotiven zu den neuen HyPower-Motoren, in denen das HPP von Elektrizität erzeugt wurde; und zweitens breitete sich die Elektrifizierung aus. Im ersten Fall waren die HydrogenPeroxid-Motoren eine einfache Anpassung, die typischerweise weniger als vier Tage dauerte (mit den robotischen Fabriken wurde sie 2025 auf sechs Stunden reduziert). Die zweite Nutzanwendung war das Ausbau der universalen Energiezufuhrleitungen, die mittlerweile auf allen europäischen Hauptlinien ein gewohnter Anblick sind.

ANDREW BLENCOWE

●

Ein weiterer wesentlicher Effekt des neuen Stroms war die Schließung der russischen Erdgasleitungen. Die älteste dieser Leitungen ging bis ins Jahr 1982 zurück. Die Abhängigkeit von russischem Erdgas war von Anfang an sehr umstritten gewesen, und als Russland von einer politischen Krise in die nächste taumelte, wuchs die Kritik immer mehr und wurde immer lauter.

Die Entwicklung der unabhängigen Energie, angeführt von Deutschland, beseitigte die Notwendigkeit von russischem Erdgas. Das Ende des russischen Erdgases, gepaart mit dem Bau der neuen Bahnverbindungen in die Ukraine, bedeutete, dass Russland zuerst isoliert, dann irritiert, und schließlich schockiert war. Der letzte Schritt waren die Straßenkämpfe.

●

Nicht wenige deutsche Politiker dieser Zeit waren überzeugt, dass die russischen Leitungen wie Opiumleitungen im viktorianischen London waren. Genau wie die früheren Genrationen von Schuljungen in Schrecken zurückwichen, als diese berühmteste fiktive viktorianische Figur die giftigen Dämpfe der Upper Swindin Lane einatmete, so sahen die deutschen Politiker das lächelnde russische Gesicht als noch viel böser

DIE LETZTE BASTION DER ZIVILISATION

und schrecklicher. Die durchaus begründete Angst der Deutschen war es, dass die Russen die furchtbaren Schlachten zwischen den Slawen und den Deutschen 75 Jahre zuvor nie vergessen hatten. Und obwohl die Regierungssysteme sich verändert hatten und dem Hass theoretisch ein Ende gesetzt worden war, so hatte sich in Wirklichkeit doch gar nichts verändert – es war der wiedererstandene Lebensraum.

Die klügeren unter den deutschen Politikern hatten dies schon seit der Einrichtung der ersten Stromverbindung gepredigt. Nach der Solarrevolution machten es sich alle deutschen Politiker zu eigen. Nach der Einführung der HRM dauerte es nur zwanzig Jahre, bis Deutschland einen Großteil des russischen Grund und Bodens gekauft hatte, auf dem die Wehrmacht verblutet war; das war tatsächlich wiedererstandener Lebensraum.

7

DER INTELLEKTUELLE ZERFALL UND NATIONENSTAAT: 2022 BIS 2041

Von Peter Clarke
Institut für Fortgeschrittene Studien, London
Freitag, den 26. April 2041

SELBST NOCH VOR VIERZIG JAHREN wurde es als normal angesehen, dass nordasiatische Länder in punkto Frauen in der Gesellschaft „zurückgeblieben" waren – dass Frauen zuhause blieben, um die Kinder zu erziehen, wurde vom gesamten Westen als antikes, primitives Dogma eines früheren Zeitalters angesehen.

Und diese Einstellung herrschte trotz einer Unmenge von Beweisen, was für verheerende Effekte Unehelichkeit mit sich bringt. Bis zum Jahr 2018 waren 92 % aller schwarzen Geburten in den alten USA unehelich, und die Gesamtrate der Vereinigten Staaten hatte 50 % überschritten. Zahlreiche akademische Studien hatten bereits bewiesen, dass Unehelichkeit dazu führt, dass diese Kinder eine fünfmal höhere Gefängnisrate hatten, eine dreimal höhere Selbstmordrate und, was vermutlich am beunruhigendsten ist, eine viermal höhere Drogenabhängigkeitsrate.

Im Kontrast dazu liegt die Unehelichkeitsrate in Japan heute, im Jahre 2041, bei 1,3 %.

Man muss einfach nur eine Stunde oder zwei an einem kleinen Spielplatz am Kaiserlichen Palast in Tokio sitzen, um die positiven Auswirkungen von fürsorglichen Müttern zu sehen. Diese Mütter sitzen dort in kleinen Gruppen und unterhalten und ermutigen ihre Kinder, die, natürlicherweise alle ausgeglichen und glücklich sind. Diese Mütter kommen auf ihren elektrischen Fahrrädern mit einem oder zwei Kindern an und plaudern oft mit ihrem Nachwuchs.

Die OECD Intelligenztests sind ein objektives Maß der Effizienz dieser Art der Kindererziehung: Der durchschnittliche IQ eines achtjährigen japanischen Kindes ist mehr als 16 Punkte höher als der eines ähnlichen Kindes in den Vereinigten Staaten. Dies wird oft als einer der Gründe dafür erachtet, dass Japaner niemals plündern. Ein Beispiel ist das Erdbeben in Los Angeles 2026, bei dem über sechs Prozent der erwachsenen Männer wegen Plünderei oder Verdacht auf Plünderei verhaftet wurden, als die Nationalgarde endlich herbeigerufen worden war; im Erdbeben von

DIE LETZTE BASTION DER ZIVILISATION

Osaka 2037 wurden drei Männer verhaftet (oder auch 0.00067 % der Bevölkerung).

●

Ein weiteres nützliches Maß der Weisheit in der traditionellen japanischen Kindererziehung ist die allgemeine Veränderung des Einkommens pro Kopf im robotischen Zeitalter – während das Einkommen pro Kopf in den Vereinigten Staaten in den letzten 40 Jahren gefallen ist, weist das durchschnittliche Einkommen pro Kopf in Japan einen stetigen jährlichen Anstieg von beinahe drei Prozent auf. Eine Eins-zu-Eins-Beziehung.

●

Was Investoren wollen, sind Länder mit einer hohen Dichte an geistigem Eigentum – Länder mit den besten technischen Universitäten und noch dazu Universitäten, die eng mit der Industrie zusammenarbeiten. In Wirklichkeit gibt es sehr wenige Länder, die selbst diesem simplen Kriterium genügen.

Im Westen fielen Universitäten langsam, aber sicher auf einen Stand von einer Zeit vor 500 Jahren zurück – mit all den neuesten technischen Geräten und Energiesparanlagen schienen sie modern, aber sie hatten die einzige Eigenschaft verloren, die eine Universität wirklich braucht, und zwar offene wissenschaftliche

Fragestellung. Das neue Mittelalter hat seinen hässlichen Schatten auf Universitäten in vielen Ländern geworfen; Es war, als ob die spanische Inquisition wiedergeboren worden war, nur dieses Mal mit dem Vorteil von weltweiter Kommunikation in Lichtgeschwindigkeit.

In einem bemerkenswerten Fall hatte sich ein Akademiker öffentlich gefragt, ob es zwischen Frauen und ihrem fehlenden Interesse an Naturwissenschaften eine Art von DNS-Verbindung geben könnte. In anderen Worten, eine Art von vernünftiger und offener Frage, die in jedem Seminar oder Aufenthaltsraum bei einem Glas rotem Bordeaux vorkommen könnte.

Was aber in Wirklichkeit passierte, hätte einem dominikanischen Mönch ein Lächeln abgelockt – weg mit dem Rad, der Folterbank und natürlich heraus mit Papier und Feder für die Beichte. Statt die Schwäche der Hypothese aufzuzeigen, wurde das Opfer nach Gutdünken aggressiv und gewalttätig angegriffen. Im Wesentlichen war er wie ein moderner Galileo, ohne auch nur die Chance zu flüstern: „Aber sie bewegt sich doch."

Ein ähnlicher Fall war der eines Wirtschaftshistorikers, der die gar furchtbarste Überschreitung gewagt hatte, sich zu fragen, ob die geistreiche Bemerkung eines homosexuellen, und zwar pädophilen Wirtschaftswissenschaftlers „In der letzten Analyse sind wir alle tot" vielleicht nicht teilweise ein Grund dafür war, dass er keine Kinder hatte.

Wenn es schon schlimm genug war, dass der unbefangene Akademiker über die DNS nachdachte, so hat dieser zweite Fall doch in das Grundgestein modernen Dogmas eingeschlagen; es ist, als ob man behauptete, dass die Maria, bei allem Ruhm des Rosenkranzes, eine Lesbierin war. (Nicht, dass damit freilich irgendwas falsch wäre. Nein, nein, nein, gar nicht. Damit wollen wir nicht andeuten oder womöglich nahelegen, dass Maria das nicht hätte sein können. Aber ja, Maria hatte das Recht, ihre eigene sexuelle Ausrichtung zu wählen…)

Die moderne Inquisition hat mit der spanischen viel gemeinsam: Die Verweigerung einer Aussage ist ein Anzeichen für Schuld; jeder hat das Recht, gegen ihn auszusagen; und Zeugen, die sich für seine Unschuld aussprechen, werden ignoriert.

Diese Fälle fanden sich am meisten in den Ländern, die zuvor offen gewesen waren und andere Ansichten unterstützt hatten. Die führenden Beispiele sind in den Vereinigten Staaten (wo die beiden oben genannten Ketzer leben), im Vereinigten Königreich und in Frankreich.

ANDREW BLENCOWE

Die Universitäten des deutschsprachigen Europa, Großraum Israels, Formosas und Japans sahen ironisch und amüsiert aus guter Entfernung zu und gingen voran ins 22. Jahrhundert, während die finanziell schwächer werdenden Länder sich gegen sich selbst richteten – wie es immer der Fall ist – und sich über die Anzahl von Engeln stritten, die auf eine Nadelspitze passten; eigentlich war es die Anzahl von Pflichtkursen in „Transsexueller Diversität und der menschlichen Erfahrung", die Voraussetzung für jeglichen Abschluss sein sollte. (Ein altmodischer Griesgram murmelte törichterweise: „Zu meiner Zeit war es Englisch." Diese Äußerung war, da sie zufällig vom Vorsitzenden der Gleichstellungs- und Fairnessüberwachung aufgeschnappt worden war, für den Vorstand ausreichend, um frühzeitige Pensionierung zu empfehlen, natürlich mit einer verminderten Rente.)

8

DIE GEBURT UND DER TOD DES EURO

Von Stephan Kurtz
Nobelstiftung Norddeutschlands
Montag, den 29. April 2041

ES WIRD OFT BEHAUPTET, DASS politische Diskurse wirklich nur eine Unterhaltung für Klatschkreise sind; und dann kommt in einer überraschend kurzen Zeit die Wahrheit ans Licht.

Ein gutes Beispiel ist die Idee des Kommunismus. Zuerst praktisch ernsthaft im Jahr 1917 bereitwillig aufgegriffen, wurde sie mit dem Jahr 1992 als Betrug erachtet, denn bis dahin waren ihretwegen über 250 Millionen Menschen zugrundegegangen. So schick und in Mode, wie sie unter den englischen Befürwortern der „Höheren Unzucht" auch war und dann unter der Clique aus Cambridge, die es hassten, ihr Imperium von einem lauten, vulgären und ungebildeten Amerika zerstört zu sehen. Und es gab nicht wenige hohe Regierungsangehörige jenseits des Atlantiks, die sie als ihre persönliche Rettung und ihren Lebenssinn sahen.

Generell kann eine Idee in einem Menschenalter als wahr oder falsch bewiesen werden. Und oft dauert es sogar weniger als ein ganzes Leben. Dies war der Fall mit dem bizarren Konzept der einheitlichen europäischen Währung namens „Euro".

Kurzum, der Euro kam ziemlich romantisch am 1. Januar 1999 zum Einsatz und wurde zwanzig Jahre später von der HRM erfolgreich ersetzt.

Der Grund für die Existenz des Euro war es, die Vereinigten Staaten anzugreifen. Natürlich wurde dies niemals zugegeben oder nur angedeutet, aber dennoch war es vom Anfang an klar: Wie konnte eine grundverschiedene Ansammlung kleiner Nationalstaaten mit der Macht der Vereinigten Staaten wetteifern, besonders, wenn alle diese europäischen Nationalstaaten ständig untereinander zankten wie eine typische betrunkene irische Familie an einem sommerlichen Samstagabend in Dublin? Nein, das würde nichts bringen, oder jedenfalls dachten das die Eurokraten. Allerdings war das Basisproblem dieser intellektuellen, aber furchtbar unpraktischen Akademiker, dass sie niemals ein Geschäft geführt hatten. Also führten Blinde Blinde, wie

DIE LETZTE BASTION DER ZIVILISATION

ein zölibatärer Priester, der einem nervösen verlobten Paar eine Lektion in Sachen Sex erteilt.

●

Der Morgenthau-Plan war 1944 von Henry Morgenthau entworfen worden und bestand daraus, Deutschland zu zerstören, indem man all seine Industrie zerstörte und Fabriken durch Farmen ersetzte. Das Konzept, das von Stalin sofort begrüßt wurde, war es, Deutschland durch das Auslöschen seiner Industrie 500 Jahre zurückzustoßen.

Das Paradox war, dass der Euro genau das anstellte, nicht mit Deutschland, sondern mit den sogenannten Siegern der zweiten Phase des Großen Europäischen Bürgerkriegs – während Großdeutschland in den zwanzig Jahren nach der Einführung des schlecht durchdachten Euro immer stärker wurde, wurden Frankreich, Spanien, Italien und die anderen immer schwächer. Das Gleiche konnte auch von England gesagt werden, das damals noch den Namen „Vereinigtes Königreich" trug.

●

In den ersten zehn Jahren nach der Einführung der HRM stabilisierte sich Europa mehr oder weniger. Aber der Große Aufstand in Paris 2029 änderte das radikal. Der Große Aufstand wird an anderen Stellen dieser Veröffentlichung erklärt, aber an dieser Stelle sei es genug zu sagen, dass die Welt, und vor allem das deutschsprachige Europa, schockiert war, als der Mob den Louvre stürmte.

Die Zentralen Europäischen Sicherheitskräfte (CESF), angeführt von der Schweiz, waren innerhalb von zwei Stunden am Louvre. Die Polizei der CESF war dank ihres neuen Tränengases in der Lage, das Museum innerhalb von 15 Minuten in Sicherheit zu bringen. Draußen war die Pariser Polizei alles andere als begeistert. Es war nur das Erscheinen des französischen Präsidenten, Monsieur Marine Le Pen, und der Massen von HyperVisions-Kanälen, die die Situation beruhigten.

In der wahrscheinlich kürzesten Kapitulationszeremonie aller Nationen und aller Zeiten bat Monsieur Le Pen die CESF, mit den Angestellten des Louvre zusammenzuarbeiten, um das Gebäude und die Kunst zu sichern. Es heißt, Le Pen habe gesagt, *„Hier sind meine Schweizer, lasst sie auf die Eingänge aufpassen*" (sic)." In einer Randbemerkung, die selbst von HV-Betreibern nie gesehen wurde, verlangte Le Pen, dass alle Kunst zur sicheren Aufbewahrung nach Berlin transportiert werde.

9

DAS PARADOX DES WACHSTUMS: JAPAN VON 2014 BIS 2041

Von Haruto Ishii
Zentrum für ostasiatische Forschung, Tokio
Mittwoch, den 1. Mai 2041

VOR FÜNFZIG JAHREN WURDE VIEL über die scheinbar untragbare Schuldenlast Japans geredet – Voraussagungen von Katastrophen und Schlimmerem erschienen überall in den traditionellen Medien: in der Presse, im Fernsehen und im alten Internet. Stattdessen geschah allerdings das Gegenteil: Zusammen mit Großisrael (das im Jahre 2038 Saudi-Arabien mit einbezog), Deutschland und Formosa stellten die vergangenen 50 Jahre für Japan stabiles und konsistentes Wachstum dar. Auch explodierte die schreckliche Bevölkerungsbombe nie – die alternde Bevölkerung ist für Japan ein unbeabsichtigter Vorzug gewesen.

ANDREW BLENCOWE

Wie ist das also geschehen, und was waren die treibenden Kräfte, die es ermöglichten? Dieser Artikel setzt sich mit einigen der wichtigeren Ursachen dieser unerwarteten Entwicklung auseinander.

Die wahrscheinlich wesentlichsten Faktoren für die Renaissance Japans lagen außerhalb seiner Grenzen: der Zusammenbruch der sogenannten Ausgebürgerten Nationalstaaten (ANS), wo exzessiv große Bevölkerungszahlen große Risse und Spaltungen in den sozialen, rassischen und wirtschaftlichen Klassen verschärften. Die beiden Hauptbeispiele, die am meisten angeführt werden, sind der Großraum der Vereinigten Staaten und Indien. Sogar schon im Jahre 2025 war es deutlich, dass die Vereinigten Staaten sich auf einer steil abfallenden Parabel befanden, und dieser Abstieg und Zerfall beschleunigte sich nach dem katastrophalen Zusammenschluss des alten Staates Mexiko mit den früheren 48 Festlandstaaten der alten Vereinigten Staaten nur noch mehr. Viele sind der Meinung, dass dies einer der Hauptgründe für den planlosen Vierparteien-Bürgerkrieg war, der in Großamerika seit mehr als zehn Jahren wütet, mal mehr, mal weniger stark.

Kanada, beschützt von seinen massiven, 30 m hohen Dreifachmauern, die sich über seine gesamte Grenze zu seinem südlichen Nachbarn erstrecken, scheint mehr wie Europa während des

DIE LETZTE BASTION DER ZIVILISATION

Hundertjährigen Krieges, aber das wird im Detail von anderen beschrieben.

Genau wie der Großraum der Vereinigten Staaten erlitt der alte, ausgetrocknete Nationalstaat Indien ein ähnliches Schicksal, aber aus ganz anderen Gründen. Während der innere Unfriede im Großraum der Vereinigten Staaten auf Rasse basierte, so basierte er im damaligen Indien auf Religion. Beide Länder teilten die dubiose Eigenschaft, unter massiver Korruption zu leiden; Korruption war in Indien immer ein Problem gewesen, seit die Briten – deren Bankrott nach dem Ersten Weltkrieg sich nach dem zweiten Weltkrieg noch verschlimmert hatte – es 1947 aufgegeben hatten, Indien zu regieren.

In den alten Vereinigten Staaten war die Korruption bis zu der bizarren Zusammenführung mit Mexiko relativ gering gewesen. In der Tat war die Präsidentschaft Clintons von 2020 bis 2023 eine der saubersten in der Geschichte der Republik gewesen. Nach ihrem plötzlichen und tragischen Tod an Brustkrebs änderte sich das aber alles. Dann kam die Zusammenführung mit Mexiko und erst die Infektion, dann die Zerstörung, der alten angelsächsischen Tradition durch die durchgängig korrupten Praktiken der Spanisch Sprechenden – Präsident Sebastián López ließ Ulysses Grant aussehen wie einen Engel. Die Liste der Transgressionen

López' ist zu lang und zu hässlich, um hier aufgeführt zu werden, und wird im Detail an anderer Stelle dieser Veröffentlichung behandelt.

●

Der Grundstein der britischen Regierung Indiens war die Universalität der englischen Sprache. Die Allgegenwärtigkeit des Englischen dämpfte mit einem Schlag die massiven religiösen Unstimmigkeiten, ja sogar den offenen Hass, im Subkontinent. Aber nachdem die Briten weggingen, wurden immer mehr dieser vormals stillen Interessengruppen selbstbewusster. Und mit diesem Selbstbewusstsein kam Schärfe. Die Umbenennung von Bombay zu Mumbai war ein frühes Anzeichen dieser Rückkehr zum Barbarentum, das die Briten so erfolgreich ausgelöscht hatten.

●

Der Funke, der die Indische Meuterei von 1857 zum Aufflackern gebracht hatte, war das Ausbreiten des falschen Gerüchtes gewesen, dass die Papierpatronen der neuen Enfield-Gewehre mit Tierfett gefettet waren, und zwar von Kuh und Schwein. Dies beleidigte effektiverweise sowohl die Hindus mit ihrer Ehrerbietung vor Kühen als auch die Mohammedaner mit ihrer Abscheu vor Schweinefleisch. Der Hauptpunkt hier

DIE LETZTE BASTION DER ZIVILISATION

ist, dass Indien – mehr als jedes andere Land der Welt – von der Religion lebte und klarerweise auch an ihr zugrunde ging. Was Indien fehlte, waren die 4000 Jahre Geschichte, die Japan hatte, und Indien fehlte auch ein Martin Luther; Kults und Gottheiten, egal wie bizarr und krankhaft sie waren, wurden in Indien nicht nur toleriert, sondern sogar unterstützt. Und dieser einzigartige Fanatismus war der Grund für die fatale Zerstörung des alten Indien.

●

Einige Artikel und Bücher, die im letzten Jahrzehnt geschrieben wurden, haben gezeigt, dass Nationen mit Bevölkerungen von über 100 Millionen von Natur aus instabil sind und sich unvermeidlich selbst zerstören. Bis vor kurzer Zeit, bis zum Anfang unseres Jahrhunderts, wurde es als unfehlbares Dogma betrachtet, dass große Nationen gegenüber kleinen einzigartige Vorteile hatten. Das basierte im Wesentlichen auf den Vorstellungen der Massenproduktionsvorteile größerer Nationen, die eine große und kohärente Erwerbsbevölkerung aufbringen, organisieren und aufstellen konnten. Und damals mag das auch sicherlich der Wahrheit entsprochen haben.

●

ANDREW BLENCOWE

Aber seit dem Beginn der Totalen Robotergesteuerten Konstruktion (TRK), die von Deutschland, Großisrael und Japan eingeführt und verfeinert wurde, waren die meisten Fabriken nun menschenleer. Man betrachte als ein einfaches Beispiel nur einmal die Toyota-Mercedes-Fabrik in Yokosuka. Ihr Standort war die alte US-Marinestation, die seit dem kontroversen Abzug der Amerikaner vom japanischen Grund und Boden 2020 stillgelegt war. Diese Fabrik ist von vier Menschen besetzt. Der Schlüssel zum Erfolg dieser Fabrik waren die neuen Designkonzepte, die in den 2020er und 2030er Jahren entwickelt worden waren, bei denen die Komponenten um die damals neue Idee der Automatisierung herum entworfen wurden.

In der Vergangenheit wurde jeder Artikel über Autos von dem obligatorischen Foto einer Fertigungsstraße begleitet, mit menschlichen Arbeitern, die um teilweise zusammengebaute Autos herumschwirrten wie Arbeiterbienen um ihre Königin. Vor zwanzig Jahren änderte sich das alles mit der Einführung der Japanischen Robotergesteuerten Ingenieurstandards, oder abgekürzt JRES. Diese Standards stellten den Autobau auf den Kopf.

In den frühen 1920er Jahren revolutionierte Henry Ford den Autobau mit der Erfindung der Fertigungsstraße, einer Idee, die er sich von den

DIE LETZTE BASTION DER ZIVILISATION

Fleischverarbeitungsfabriken abgeguckt hatte, die es damals in ganz Chicago gab, aber mit den neuen JRES-Richtlinien wurden die Komponenten mit nur einem einzigen Ziel entworfen – sie mussten für einen Roboter einfach zu bedienen sein.

Zum Beispiel wurden seit den frühesten Autos zuerst Generatoren und dann Lichtmaschinen von Keilriemen angetrieben. Es stimmt, dass sich die Technologie der Keilriemen mit der Zeit veränderte, von dem bescheidenen Keilriemen zum Zahnriemen bis hin zum Kevlar-Keilriemen. Aber die Grundidee hatte sich seit 150 Jahren nicht verändert – sie war abgeleitet von den Antriebswellen, die am Anfang der ersten Industrierevolution Strom durch britische Fabriken verteilten.

Mit der Einführung von JRES wurden alle Generatoren von dem zentralen Zahnradgetriebe angetrieben und waren in einem gegossenen und maschinell bearbeiteten Hohlraum seitlich vom zentralen Zahnradgetriebe untergebracht. Der Zweck dieses radikalen Wechsels vom vorherigen Riemenantrieb zu diesem war es, dem Roboter das Anfügen des Generators mit seinen Klauen leichter zu machen.

Der Generator selbst wurde in einer TRK-Fabrik in Hokkaido zusammengebaut und von dem neuen AutoRail-System zum zentralen Montagewerk in Yokosuka geschifft. Durch die Anwendung dieser TRK-Konzepte können Fabriken nun 24 Stunden am Tag, 365 Tage im Jahr in Betrieb sein, und dank des japanischen Standardsystems von zwei Fertigungsstraßen und einer Wartungsstraße ist die Produktion immer konsistent. (Die Wartungsstraße wird verwendet, wenn eins der beiden anderen Bänder zur Wartung und Instandsetzung angehalten wird. Mit den neuen Instandsetzungsstandards gibt es niemals ungeplante Stillstände oder Versagen.)

Die echten Vorteile des TRK sind offensichtlich: Unbeständige, unverlässliche und unpünktliche menschliche Angestellte gehören nun der Vergangenheit an; die Idee des Sich-Zurückziehens von der Arbeit – was damals mit den archaischen Begriffen „Streik" und „Dienst nach Vorschrift" bezeichnet wurde – sind nunmehr seit langem verschwundene Träume von inzwischen aufgelösten „Gewerkschaften" (Eine Gewerkschaft war eine Gruppe von Arbeitern, die sich zusammenschlossen, um Arbeitgeber zu erpressen und zu nötigen. Manche Gewerkschaften richteten sich nach dem Arbeitgeber – die inzwischen zahlungsunfähigen amerikanischen Autohersteller in Detroit waren ein Beispiel. Andere Arten dieser Gewerkschaften richteten sich nach dem Gewerbe – alle Lederpeitschenhersteller, alle Elektriker, alle Bahnarbeiter, alle Wagenfahrer).

DIE LETZTE BASTION DER ZIVILISATION

Ein weiterer Vorteil des TRK ist die vollständige Eliminierung von Fehlern – in den alten Fabriken und Betrieben waren beinahe alle Fehler menschliche Fehler – oder Sabotage –, und nicht ein Versagen der Maschinen. Also wurden mit der Beseitigung der alten, auf Menschen basierenden Fertigungsstraßen auch jegliche Fehler beseitigt. Es ist hiermit ganz ähnlich wie bei den heutigen Fluggesellschaften, bei denen Piloten, die immer zu egoistischem Selbstmord neigen, mittlerweile durch Computer ersetzt wurden.

Ein interessantes Element, das nicht wiederentdeckt wurde, bis TRK durchgängig eingesetzt war, war die große Wichtigkeit von Temperatur und Luftfeuchtigkeit – wenn die Arbeiter in der Hitze schwitzten, hatte die Klimaregelung in den alten Fabriken nur wechselnden Erfolg. Es waren die Japaner zusammen mit ihren deutschen Kollegen, die herausfanden, dass selbst die frühesten TRK-Fabriken Produkte herstellten, die in ihrer Konsistenz und Qualität erstaunlich waren. Der massive Unterschied zu den alten Fabriken mit Menschen, die in ihnen arbeiteten, lag, wie sich herausstellte, im Schwitzen und Atmen der Menschen – und dieser Unterschied betrug sehr oft mehr als 100.000 zu eins. (Die Japaner hatten sogar ihre Unterlagen von den Kugellagerfabriken in den 1930er und 1940er Jahren nochmal durchgesehen; die

Toleranzgrenzen in diesen Fabriken alten Stils wurden allein von der Qualität der Klimatisierung bestimmt, die in diesen Tagen noch „fabrizierte Luft" genannt wurde.

    Diese Entdeckung führte dazu, dass zuerst die Japaner und dann die Deutschen die ersten hermetisch versiegelten Nitrogenfabriken bauten. In diesen Fabriken gab es keine Feuchtigkeit, und die Temperatur wurde bis auf ein Hundertstelgrad kontrolliert. Mit diesen TRK-Fabriken der zweiten Generation wurden bei den Autofertigungsstraßen Toleranzen möglich, die man sich vorher nie erträumt hätte. Dies war überhaupt eine der treibenden Kräfte für die Erfindung von LeatherX, dem patentierten Produkt der schweizerisch-japanischen Firma Nippon-Helvetika. Dieses neue Material ist in allen Aspekten, außer der Tatsache, dass es nicht von einem Tier stammt, identisch mit Kuhleder. LeatherX hat genau die gleiche Konsistenz und Beschaffenheit wie Tierfell, nur keine Feuchtigkeit. Um die Worte der Modewelt zu verwenden, hat es das gleiche „Tastgefühl", wie blinde „Tast-Tests" bewiesen haben.

    Alle Ein- und Ausgänge geschehen bei TRK-Fabriken über „Luftschleusen", die aus vier separaten Nitrogen-Schlössern bestehen. Es ist im Grunde ein Drei-Phasen-Vorgang: Zuerst wird ein Teil-Vakuum

DIE LETZTE BASTION DER ZIVILISATION

erschaffen, um all die feuchtigkeitsgeladene Luft zu entfernen, dann wird trockenes, heißes Nitrogen bis auf einen Druck von drei Atmosphären eingepumpt, und dann wird diese zweite Waschung entfernt und durch das endgültige TRK-Nitrogen ersetzt; der gesamte Prozess dauert vier Sekunden.

●

Zum Ende des letzten Jahrhunderts wurden düstere Warnungen über die absteigende Geburtenrate in Japan laut – eine der ersten Informationsschriften wurde 1992 von einem Forschertrio des Bollwerks der extremen Linken an der Universität Harvard geschrieben.

Der Kerninhalt aller dieser Informationsschriften war derselbe: Von 2000 bis 2060 würde die Bevölkerung Japans um ein Drittel reduziert sein, und darüber hinaus würde das Verhältnis von Arbeitern zu Rentnern von 2:1 auf 1:3 steigen – eine sechsfache Veränderung. Eine kleine Armee von Kassandras schrie, dass sofort ein riesiges Programm benötigt würde, um Hausmädchen und Pflegepersonal von den Philippinen und aus Indonesien zu importieren, um die rapide wachsende Anzahl japanischer Rentner zu betreuen. Und obendrein rangen Politiker und Akademiker gleichermaßen die Hände darüber, wie dieses Pflegepersonal bezahlt werden würde, da sie ja im Grunde nichts produzierten.

Genau wie das Forschungsprojekt der US-Regierung zur Entwicklung einer besseren eisernen Lunge für fortgeschrittene Fälle von Kinderlähmung, waren diese Ängste ganz und gar kurzlebig. Wie es mit den nicht besonders phantasievollen Bürokraten der Fall war, so übertrumpften Technologie und Innovation die Schwerfälligkeit der Regierung.

Die Erfindung der Salk-Impfung machte die eisernen Lungen unnötig. Und auf genau die gleiche Art und Weise machte nur knappe 100 Jahre später die Erfindung der differentiellen Mikrodiagnose in den Hitachi-Forschungslaboren in Tokio es genauso unnötig, auch nur eine einzige Philippinerin zu importieren.

Das Herzstück dieser neuen Erfindung waren fünf Mikrodiagnose-Implantate; eines im Endbereich jeder der vier Extremitäten und ein etwas größeres im oberen linken Gesäßmuskel. Diese fünf Implantate sendeten alle Radiosignale an den heimischen Computer im Haus des Rentners, und diese Daten wurden dann zum zentralen Computerzentrum in Tokio übermittelt.

Was die Erfinder im Hitachi-Unternehmen entdeckt hatten – und wofür sie 2027 den Medizinnobelpreis erhielten – war, dass der Schlüssel zur

DIE LETZTE BASTION DER ZIVILISATION

Überwachung der Gesundheit eines Säugetiers die Änderungsquote der Messungsabweichungen waren. (Die Erfindung wurde sehr bald von japanischen Bauern aufgegriffen, um die Gesundheit ihres Viehbestands zu verbessern.)

Durch Mikroimplantate in den Zehen und Daumen war die Technologie in der Lage, fünf Messgrößen aufzuzeichnen. Überraschenderweise war die nützlichste Messgröße auch die einfachste, nämlich die Temperatur. Eigentlich war es die die Änderungsquote der Temperaturunterschiede, die den kritischen Faktor darstellte. Im ersten Jahr, in dem die Anwendung der Implantate weitverbreitet war, wurden Schlaganfälle um 78 % reduziert und die begleitenden Behandlungen in Krankenhäusern ebenfalls. Die finanziellen Ersparnisse – ganz zu schweigen von der Reduzierung des menschlichen Leidens – waren astronomisch.

Wie es heutzutage bei neuen Technologien generell der Fall ist, lag der wirkliche Durchbruch in der Software, nicht in den Mikrodiagnose-Implantaten; „Nanotechnologie" hatte es auf die eine oder andere Weise schon seit beinahe 50 Jahren gegeben, und es war einfach eine Sache der Zeit, auf das Erreichen der Haldane-Kurve zu warten. (Die Haldane-Kurve, benannt nach Professor Haldane von der Universität Cambridge, ist die Hypothese, die mutmaßte, dass die Größe der Mikrodiagnose-Implantate sich alle 18 Monate halbieren würde – diese Annahme wird oft falsch als „alle zwei Jahre" angegeben, aber das eigentliche Dokument im „Institut für Nanotechnologie" vom 19. April 2017 gab „alle 18 Monate" an.)

Wie man bald entdeckte, war ein Schlaganfall kein plötzliches, *unvorhersehbares* Ereignis. Vor 100 Jahren mag es so geschienen haben, aber jetzt verstand man die Dynamik, ja beinahe den Charakter eines Schlaganfalls vollständig, und Schlaganfälle sind von JISO in fünf verschiedene Klassen unterteilt worden. Man fand heraus, dass die Temperaturunterschiede eines Schlaganfalls etwa 36 Stunden vor dem eigentlichen katastrophalen Ereignis beginnen. Durch eine umfangreiche Analyse mithilfe der von der Firma Hitachi geschützten Algorithmen konnte die erste der drei Phasen eines Schlaganfalls ganz einfach bemerkt und eine Schwester zum Haus des Patienten geschickt werden.

Mit dem spektakulären Erfolg der Hitachi-Erfindung standen Patienten auf der ganzen Welt sofort Schlange, um diese neue „Wunder"-Technologie für sich selbst zu bekommen. Das Hitachi-Unternehmen gab in den ersten zwei Jahren seit der kommerziellen Freigabe dieser Serviceleistung gerne Lizenzen für die Mikrodiagnose-Sonden und die Hardware an 17

DIE LETZTE BASTION DER ZIVILISATION

Länder aus, aber das Herzstück des Services – die Software, die auf den Hitachi-Supercomputern in Tokio lief, wurde niemals lizensiert. Alle Daten wurden nach Tokio geschickt; und das ist bis heute so. „Tokio" ist eigentlich eine etwas täuschende Abkürzung, da die Firma Hitachi sogenannte „Super Cloud Data Centers" in neun japanischen Städten aufbaute.

Und mit den Zetta-Leitungen, die umsonst vom Weltfriedensrat (WFR) installiert wurden, schätzt Hitachi, dass die Gesundheit der gesamten menschlichen und tierischen Bevölkerung der Welt ganz einfach überwacht werden kann.

●

Eine weitere der drei Wachstumsbeschleunigungen Japans in den vergangenen 50 Jahren war die Entwicklung der ausländischen Direktinvestitionen oder ADI. Dieses Wachstum ereignete sich vornehmlich seit 2027, dem Jahr der massiven Amerikanischen Zahlungsunfähigkeit und der Chinesischen Massaker (andere Abhandlungen in diesem Jahrbuch beschreiben diese folgenschweren Ereignisse.)

„Fair, sauber und gesund" war der eher kindliche Slogan des alten Ministeriums für Wirtschaft, Handel und Industrie (METI) für die ADI. Wie phantasielos und bürokratisch dieser Slogan auch sein mag, so fasste er doch zusammen, weswegen ausländische Investoren nach den Ereignissen von 2027 in Massen nach Japan kamen.

Um den plötzlichen Aufschwung der ADI in Japan besser zu verstehen, muss man sich nur die alten Vereinigten Staaten (vor ihrem Bündnis mit Mexiko) ansehen. Im Jahr 2000 bekamen die alten USA 37 % des ADI der Welt, aber bis 2012 war dieser Anteil auf 17 % geschrumpft und nach 2021 und dem Erlass zum „Schutz des Dollars" durch den verängstigten Kongress war der Prozentsatz auf unter 2 % zusammengebrochen; 2023 bekam Vietnam – mit einer Bevölkerung von weniger als einem Drittel der alten USA – beinahe doppelt so viel ADI wie die USA.

Investoren rund um die Welt, die traditionellerweise – und ohne nachzudenken – in Nordamerika investiert hatten, änderten nun ihre Richtung. Allerdings war die Welt immer instabiler geworden, sowohl mit den politischen Unsicherheiten als auch mit drastisch neuen Technologien, die die alten Lehrsätze des Investments zerstörte.

Das alte, wunderliche und inzwischen in schlechtem Ruf stehende „BRIC"-Quartett Brasiliens, Russlands, Indiens und Chinas erfreute sich um die Jahrhundertwende für ungefähr zehn Jahre an ziemlicher Beliebtheit. Aber wie der meiste Quatsch von den

DIE LETZTE BASTION DER ZIVILISATION

meisten Investment-Banken in den meisten Ländern und den meisten Jahren erwies sich dies als so gut wie wertlos. Was Investoren wollten, war ein stabiles Land, das Wachstumspotential hatte und Rohstoffproduzenten vermied. Dieser letzte Punkt – große Gruben im Boden – schloss Russland, Kanada und Australien aus. Diese Länder produzierten im Wesentlichen gar nichts – sie gruben nur Dinge aus und exportierten das Rohmaterial nach Europa oder China. Und hatten dadurch massive wirtschaftliche Schwankungen, den klassischen Boom-Bust-Zyklus.

10

DIE DESIGNKONZEPTE DES F89 HYPER-KAMPFFLUGZEUGS

Von Dr. Joseph Issacs
Vorsitzender für Flugtechnik, Technische Universität Tel Aviv
Donnerstag, den 9. Mai 2041

BIS LETZTE WOCHE WAR DAS Design des F89 HF als hochgeheim klassifiziert gewesen. Dementsprechend war der Zugriff auf die Details seines Designs auf die Führungskräfte der vier Nationen des Weltfriedensrates (WFR) Japan, Deutschland, Großisrael und Formosa beschränkt.

Mit der einstimmigen Entscheidung der WFR-Führungsetage, die Details des F89 freizugeben, wurde mir befohlen, eine generelle Beschreibung der Geschichte des Designs des F89 zur Verfügung zu stellen.

Diesem Befehl komme ich gerne nach. Die Weltpresse hat über meine Beteiligung an der Entwicklung des F89 viel Wirbel gemacht. Und ich möchte gern diese Gelegenheit dazu nutzen, zu erklären, dass, während es stimmt, dass ich der Hauptdesigner war, ein Projekt von solcher Größenordnung und Kühnheit nicht das Werk eines einzelnen Mannes ist. Alle komplexen Designs sind heutzutage die Arbeit einer großen Gruppe von Spezialisten – kein Mensch entwirft ein so komplexes und innovatives Produkt wie den F89 allein. Zu behaupten, dass ich „geschickte Hilfe" hatte, ist voll und ganz irreführend – ich war nur ein wenig mehr als der Zirkusdirektor eines sehr talentierten internationalen Zirkus. Es ist wahr, dass ich einen Großteil des ursprünglichen Designs der Hypermotoren entworfen habe (mit geschickter Assistenz von meinem Team bei TATU), aber das ist der Beginn und das Ende meiner kreativen Einbeziehung in diese Erfindung. Die Hypermotoren, wenn auch neu und innovativ, waren nur ein kleiner Teil dieses Projekts. Über 94 % des Designs wurde von anderen entworfen – die Software wurde vom Japanischen Institut für Zukunftsweisende Projekte in Tokio entwickelt; die Telematik von der Deutschen Technischen Universität in München und der ETH in Zürich; die Aerodynamik war die Arbeit der Technischen Universität Formosa in Taipei; und die Integration mit den Japanisch-Deutschen-Standort- Einrichtungen (JGLF)

DIE LETZTE BASTION DER ZIVILISATION

wurde von der Japanisch- Deutschen-Software-Design-Firma (JGSC) ausgeführt. Kurzum, keinem einzelnen Mensch allein, ja keinem einzelnen Land in der WFR allein, kann die Entwicklung des F89 zugeschrieben werden.

Dem Designteam, das ich 2035 zusammenstellte, wurde die in der Technologie seltene Gelegenheit zur Verfügung gestellt, sozusagen mit einem unbeschriebenen Blatt Papier, einer völlig leeren Leinwand, zu beginnen. Die meisten Waffensysteme der Vergangenheit waren lediglich eine Verfeinerung bereits existierender Technologien. Man denke beispielsweise an die Entwicklung der ersten Schlachtschiffe zu Beginn des letzten Jahrhunderts – das waren Schiffe, die einfach nur größer, schneller und schwerer bewaffnet waren als ihre Vorgänger, aber im Allgemeinen die gleiche Technologie hatten – große Kriegsschiffe mit gewaltigen Kanonen – die legendären schweren Kanonenschiffe. Im Gegensatz dazu waren wir in der gleichen Lage wie die Leute damals am Samstag, den 8. März 1862, als die Merrimack die hölzernen Schiffe der Union in der Schlacht von Hampton Roads zerstörte – alle existierenden Designs waren plötzlich hinfällig.

●

Ein Fall der neueren Geschichte, der sicherlich von mehr Belang ist, war der Zusammenstoß des ersten Fluges von acht F89s mit den Überresten der alten Königlich-Saudischen-Luftwaffe, die aus 108 veralteten F35-Jägern bestand, die die Saudis dreißig Jahre zuvor von den Größeren Vereinigten Staaten gekauft hatten und die von den F89s komplett zunichte gemacht wurden; alle 108 F35s wurden binnen siebzehn Minuten zerstört. Bedeutsamerweise führte dies zur Zerstörung des alten Saudischen Reiches und seiner Integration in den Großraum Israel.

Aber ich greife hier voraus.

●

Als ich zuerst die Aufgabe bekam, den F89 zu entwerfen, stellte ich mir eine einfache Frage: Wie kann die heutige Technologie am besten benutzt werden, um eine erfolgreiche Vormachtstellung im Luftraum zu erreichen? Wie ich bereits erwähnt habe, ist es ein fataler Fehler, einfach eine existierende Technologie zu verbessern. Was man braucht, ist eine neue Denkweise, die auf den technologischen Entwicklungen der letzten dreißig Jahre basiert.

Mit dieser veränderten Einstellung setzte ich mich also hin, um eine Designvorlage zu erschaffen, die sich moderner Technologie bediente.

DIE LETZTE BASTION DER ZIVILISATION

Was bedeutet das also in der Praxis?

Das neue JGLF, das geographische Positionen bis auf einen Millimeter genau bestimmt – im Gegensatz zu den 15.000 Millimetern des alten US-Navigationssystems – und noch dazu mit einer Verlässlichkeit, die bei dem alten System nie für möglich gehalten worden wäre, weil es oft unverlässlich und, sogar noch schlimmer, den politischen Machenschaften des alten US-Militärs ausgesetzt war. (Die meisten heute lebenden Leute können sich noch an das Chaos erinnern, das im Jahr 2017 drei Wochen lang durch die einseitige Abschaltung des alten Navigationssystems verursacht wurde.)

Eine der wichtigsten Auswirkungen ist, dass die Idee einer Seestreitmacht der Weltmeere in Form einer massiven und behäbigen Flotte von Flugzeugträgern und ihrer Vielfalt an Unterstützungsschiffen – Zerstörern, Kreuzern und so weiter – in der heutigen Welt genauso wichtig ist wie die holzverschalten Schiffe in Hampton Roads am neunten März 1862.

●

Die Liebe der alten US-Marine zu Flugzeugträgerflotten wie der alten Siebenten Flotte erwies sich als völlig irrelevant. Diese Flugzeugträger – es hatte sich seit der Schlacht von Midway wenig geändert – basierten auf der inzwischen verworfenen Theorie, nach der ein bemanntes Flugzeug in die Luft stieg, um ein Ziel anzugreifen und dann am Ende der Mission zum Mutterschiff zurückkehrte. Und diese Flugzeuge waren schwer und wurden mit Hilfe der Informationen des Mutterschiffs von menschlichen Piloten gelenkt. Dieser Ansatz hatte viele Schwächen, wie zum Beispiel das Erfordernis, dass die Flugzeugträger von gewaltiger Größe sein mussten, mit dampfgetriebenen Katapulten und sehr langen Flugdecks. Die schiere Größe dieser Giganten bedeutete, dass sie sich bestenfalls mit einer Geschwindigkeit von 30 Knoten bewegen konnten (und selbst bei dieser bescheidenen Geschwindigkeit konnten manche Unterstützungsschiffe nicht mithalten).

Das war also einer meiner Hauptausgangspunkte: Da der F89 weniger als ein Zehntel des alten F35 wiegt, konnten viel mehr Flugzeuge an Bord gebracht werden; da der F89 von HyPower angetrieben wird, das einen fünffachen Vorteil gegenüber dem alten Kerosin der Luftfahrtindustrie hat, das der F35 verwendet, wurden keine gewaltigen Flugdecks mehr benötigt; und da der F89 keinen Pilot brauchte, waren die neuen Kampfflugzeuge eher wie die Raketen der 1970er Jahre – die g-Kräfte stellten keine Beschränkung mehr dar. Aber vor allem wurde der F89 von Grund auf dazu

DIE LETZTE BASTION DER ZIVILISATION

entwickelt, von Hochgeschwindigkeits-Tragflächenbooten aus abgeschossen zu werden, die weit über 70 Knoten erreichen konnten. Und mit dem einzigartigen Rückholsystem, das von meinen Kollegen an der ETH entwickelt wurde, kann ein F89 von jedem Tragflächenboot der neuen Flotte zurückgeholt werden. Wenn eines versenkt oder beschädigt wird, kann ein anderes in der Flotte den F89 zurückholen. Meine Studie über das Ende der Schlacht von Midway erwies sich als nützlich – in der Freitagnacht des 5. Juni 1942 beschloss Spruce, die TF-16 vollständig zu beleuchten, sodass seine *Dauntlesses* landen konnten, obwohl viele seiner Piloten nicht für Nachtlandungen qualifiziert waren. Ich sah riesige Vorteile darin, den F89 im Wesentlichen als Super-Drohne zu entwerfen, die man wie eine Rakete abschießen und dann wieder einfangen kann, wie ein Baseball-Fänger den Wurf des Ballwerfers fängt.

Natürlich war ein wesentlicher Teil hiervon Software – der F89 ist einfach eine automatisierte Maschine, die ein Resultat liefert, er ist nicht mehr das Konzept eines „Flugzeugs" in der langen Tradition, die bis zum Roten Baron und seinesgleichen über Flandern zurückreicht.

●

ANDREW BLENCOWE

Der wahrscheinlich beste Beweis für dieses Konzept war der Feindflug, der am Mittwoch und Donnerstag im Mai 2040 gestartet wurde, als das alte Saudi-Arabien Tel Aviv und Jerusalem angriff. Da der Ölpreis mit der schnellen Ausbreitung von JAXAPower in fast der ganzen Welt stark gefallen war, war das Gefolge der Herrscher dieser schon immer brüchigen Theokratie zerbröckelt. Wie es in solchen Situationen oft der Fall ist, fabrizierten die Herrscher einen Grund, Israel anzugreifen, um von internen Unstimmigkeiten abzulenken, ganz ähnlich wie die chinesischen Kommunisten unentwegt Japan heftig tadelten, obwohl ihre eigenen Sünden hundertmal schlimmer waren.

Die Verteidigungsagentur des Großraums Israel wurde vor diesen Angriffen vom gemeinsamen WFR-Luftkommando gewarnt. Binnen sieben Minuten waren acht der F89A-Jäger automatisch von zwei deutschen WFR-Tragflächenbooten gestartet worden, die im östlichen Mittelmeer vor Anker lagen – der *Albert Speer* und der *Angela Merkel*.

Mit der dreifachen Geschwindigkeit der alternden F35 und der Fähigkeit, einer g-Kraft von bis zu 32G standzuhalten, kam der F89A in 13 Minuten mit den arabischen Flugzeugen in Berührung. Der F89A konnte den hohen g-Kräften hauptsächlich deshalb standhalten, weil er keine Panzerung hatte – er brauchte

DIE LETZTE BASTION DER ZIVILISATION

keinen Piloten zu beschützen, und die abscheulichen, schweren Ausrüstungen wie Schleudersitze usw. waren logischerweise nicht nötig. Jeder F89A trug 18 der neuen MARS- Leichtraketen mit sich. Mit der noch nie da gewesenen Beweglichkeit des F89A war es für ihn ein Kinderspiel, sich dem F35 von hinten anzunähern und dann eine der Raketen direkt in die Lücke über dem Motorauspuff zu schießen; das Ergebnis: Zertrümmerung.

Dann drehte der F89A mit hoher g-Kraft in eine Kurve von der menschliche Piloten nur träumen konnten, um den Trümmern des explodierenden F35 auszuweichen. Die F89A feuerten an diesem Tag 108 Mars-Raketen ab; keine einzige wurde verschwendet. Danach ließ der etwas prahlerische Kommandant zwei der F89As nach Mekka fliegen und steuerte sie genau drei Zentimeter weit an jedem der Minarette der Großen Moschee vorbei. Mit der Mach-Zahl 2 wurden die Türme unwiderruflich geschwächt. Zuerst dachten die Pilger auf dem Boden, es sei ein göttliches Zeichen. Zwei Minuten später, als alle Türme zusammenbrachen, waren sie nicht mehr so sicher; und als die Überlebenden sich zu ihren Hotelzimmern zurückkämpften und in den Fernsehnachrichten sahen, dass sie vom WFR besiegt worden waren, angeführt von den verhassten Israelis, wussten sie, dass es die Strafe Gottes war. Zwei

ANDREW BLENCOWE

Tage später floh die sogenannte Königsfamilie von Saudi-Arabien ins Hotel Dolder in Zürich, ironischerweise mittels Privatflugzeugen, die von den JAL zur Verfügung gestellt worden waren; eine Woche später froren die Schweizer das gesamte Vermögen der Saud-Dynastie ein. Im darauffolgenden Monat wurde das frühere Saudi-Arabien, das im Hydrokarbonzeitalter von der ganzen Welt beneidet worden war, ein bescheidenes Protektorat des Großraums Israel.

11

DIE ÜBERMACHT VON „ONE VOICE" IN EUROPA, 2010 BIS 2041

Von Edward Joneson
The New Financial Times, London
Samstag, den 11. Mai 2041

WIE DER BEGINN DES ERSTEN WELTKRIEGS begann der Aufstieg zur Vorherrschaft der rechten „One Voice"-Parteien mit einem einzigen Ereignis. Im Fall der transnationalen One Voice war es der Brandbombenanschlag der schwarzen Einwanderer im Stockholmer Vorort Husby im Juli 2021 auf zwei Busse, die 134 schwedische Polizisten transportierten. Die Polizei versuchte, nach sieben Tagen Krawallen und Plünderungen, in denen 17 Menschen getötet und über 200 verletzt wurden, die Ordnung wiederherzustellen.

Dieser Sommer war einer der heißesten, die Nordeuropa je gesehen hatte, und die schwedischen Randalierer hatten in den Aufrührern in Paris und

Amsterdam außerordentliche Vorbilder. Im französischen Fall waren es ausschließlich schwarze Franzosen aus Afrika, während es in den Niederlanden eine kuriose Mischung aus schwarzen und mohammedanischen Randalierern war. Beide ERVs (*Extended Riot with Violence,* ausgedehnter Krawall mit Gewalttätigkeit) ereigneten sich in einem Zeitraum von fünf Tagen im späten Juni.

Was den Fall in Schweden so schockierend machte, war die grausame und berechnende Art und Weise, auf die er geschah. Die Aufrührer hatten vom örtlichen Amazon-Lager Lieferwagen gestohlen und diese verwendet, um die beiden Polizeibusse einzuklemmen. Mit den beiden Bussen nebeneinander und den beiden Lieferwagen an jedem Ende kippten die Randalierer die Busse einfach um. Als die Busse nun so auf der Seite lagen, war es für ein halbes Dutzend Männer, die mit Vorschlaghämmern bewaffnet waren, ein Leichtes, die Busfenster einzuschlagen. Dann goss man 500 Liter Benzin in die Busse und warf einen einzigen Molotow-Cocktail hinterher.

Ein Hubschrauber vom Fernsehen, der über dieser Szene schwebte, filmte die Bilder und die Schreie der Polizisten, die lebendig verbrannten.

Der niederträchtigste Moment kam, als ein weiteres Fernsehteam am Boden einen der Randalierer (der

DIE LETZTE BASTION DER ZIVILISATION

noch immer stolz seinen gestohlenen Vorschlaghammer hielt) mit Hilfe eines sehr nervösen Dolmetschers fragte, wie sich das alles anfühlte.

Er lächelte, wobei er eine Reihe perfekt weißer Zähne zeigte, die sich von seiner kohlschwarzen Haut abhoben. Dann machte er eine effektvolle Pause, während er immer noch lächelte.

„Nun, Mann, ich habe nie begriffen, wie viel Arbeit es ist, einen Scheiß-Weißen zu toasten – ich schwitze wie ein Schwein."

Der Interviewer sah den Tontechniker mit einem Blick an, der Schrecken, Ekel und eine große Portion Angst kombinierte – würden die vier Schweden des Fernsehteams die Nächsten sein?

Mit einer Frechheit, die rückblickend an Wahnsinn grenzte, bat der Interviewer den Dolmetscher darum, den Mann nach seinem Namen zu fragen.

„Abdikarim Hoodoa, das ist mein Name. In meinem Land bedeutet es glücklicher Diener Mohammeds."

Er blickte in die Kamera und lächelte dieses herrliche, großzügige und freundliche Lächeln, das mit diesem Mann so überhaupt nicht übereinstimmte.

„Ihr Bullen könnt jederzeit kommen und mich holen", sagte er, während er die Kameralinse ansah wie eine Katze, die amüsiert mit einer sterbenden Maus spielt.

Während das Team um sein Leben bangte, trottete Mr. Hoodoa einfach davon, um seinen nachmittäglichen Joint zu rauchen.

Die Sendung war live gewesen, direkt ins Studio. Am Steuerpult sahen die ehemals stolzen schwedischen Produzenten schreckerfüllt zu. Eine Frau weiter hinten im Raum schluchzte leise. Der federführende Produzent ergriff die beispiellose Maßnahme, das reguläre Programm zu unterbrechen, um diese Aufnahme und die Bilder und Geräusche des Hubschrauberteams zu übertragen.

●

Ein Fernsehteam war zum Haus von Björn Johansson geschickt worden, dem Führer der schwedischen One Voice Partei. Seit ihrer Gründung 2017, ironischerweise nach einer früheren Serie von Krawallen in Husby, waren die Stimmen der Partei langsam von sieben Prozent auf recht vernünftige 19 Prozent gestiegen.

Der Interviewer klopfte an die Tür, und Mr. Johansson öffnete. Er sah extrem betroffen aus.

„Bitte kommen Sie herein. Wir sehen gerade die Nachrichten an."

DIE LETZTE BASTION DER ZIVILISATION

Damit betraten die drei Teammitglieder das Haus und gingen in Richtung des ersten Raumes auf der linken Seite. Auf dem Bildschirm waren die Bilder. Die Pixelprojektion war lebensgroß, und so war der wuchtige, schwarze Mann mit dem Vorschlaghammer auch lebensgroß und besonders einschüchternd.

„Schalt das bitte aus", sagte der Politiker zu seiner Frau.

„Schenk diesen Leuten bitte etwas Kaffee ein."

„Können Sie sich vorstellen, wie schrecklich es ist, lebendig verbrannt zu werden?" fragte er den Interviewer.

Er schüttelte den Kopf.

„Ich kann es mir nicht vorstellen. Ich kann diese Bilder und furchtbaren Geräusche nicht begreifen. Wir sind in Schweden. Es ist das Jahr 2021. Wir sind doch nicht im Mittelalter. Meine Frage an Sie drei, als Schweden und genauso als Menschen, ist: Wie konnten wir es zulassen, dass sich so etwas entwickelt? Meine Freunde auf der linken Seite des Parlaments beschuldigen mich, in der Vergangenheit zu leben, unrealistisch zu sein. Aber ist dies die Zukunft – ‚Mann, ich habe nie begriffen, wie viel Arbeit es ist, einen Scheiß-Weißen zu toasten – ich schwitze wie ein Schwein.' Ist unser armes Schweden so tief gesunken?"

Eine sehr, sehr lange Zeit sagte niemand im Raum ein Wort.

Dann sprach der junge, bärtige Bildbearbeiter.

„Mr. Johansson, ich habe immer an Gleichberechtigung geglaubt. In meiner Studienzeit bin ich mit einem schwarzen Mädchen ausgegangen. Wenn wir bei ihr zuhause waren, schenkten mir ihr Bruder und seine Freunde besondere Aufmerksamkeit, und zwar auf äußerst unfreundliche Weise. Es war ganz eindeutig, dass sie sich sehr darum sorgten, dass ihre kleine Schwester – wie sie es ausdrückten – „vom weißen Mann missbraucht" wurde. Nun hatte keiner dieser Kerle einen Job, keiner ging zur Schule, keiner las. Alles, was sie taten, war spielen und kiffen. Ich fühlte mich immer etwas unwohl, aber ich nahm es nicht ernst. Heute habe ich gesehen, dass es falsch war, das nicht ernst zu nehmen, dass es nicht nur eine kleine Beeinträchtigung war, sondern echter und tiefer Hass. Das ist Wahnsinn, oder? Diese Leute kommen nach Schweden und benehmen sich dann so. Ich habe Sie nie zuvor gewählt und, ehrlich gesagt, hätte ich nie gedacht, dass ich es einmal würde, aber der heutige Tag hat mich verändert."

Der Politiker nickte und schlug seine Hände vor dem Gesicht zusammen wie ein Pfarrer sonntags auf der Kanzel.

DIE LETZTE BASTION DER ZIVILISATION

„Nun, es ist nicht wichtig, ob Sie mich wählen, ich bin nur *ein* Politiker. Wichtig ist es, für Schweden zu stimmen. Ich wurde oft niedergeschrien, weil ich behauptete, dass wir Schweden naiv und zu vertrauensselig sind. Traurigerweise glaube ich, dass Mr. Hoodoa bewiesen hat, dass ich recht hatte, obwohl ich total glücklich gewesen wäre, falsch zu liegen."

„Was werden Sie also tun?"

Schweigend zog er sein Telefon hervor und drückte zwei Knöpfe.

„Bitte entschuldigen Sie die Störung, Frau Premierminister, es ist Johansson. Ich glaube, wir müssen heute Abend ein Treffen der ganzen Partei arrangieren."

Es entstand eine lange Pause, in der Johansson schweigend zuhörte.

„Nein, ich finde nicht, dass ich überreagiere. Ich finde, es ist unsere Pflicht."

Weiteres Zuhören, dieses Mal begleitet von Stirnrunzeln.

„In Ordnung – Sie sind die Führerin des Landes."

Die drei Fernsehleute waren begeistert davon, ein Fragment echter Politik miterlebt zu haben.

„Die Premierministerin hat gesagt, dass sie keinen Handlungsbedarf sieht."

Der Bildbearbeiter rief, „Keinen Handlungsbedarf? Was in Gottes Namen meint sie denn damit?"

„Meine Herren, schalten Sie Ihre Geräte ein, lassen Sie uns Schweden zum Besseren verändern, und zwar hier und jetzt."

Fünf Minuten später begann die Aufnahme, und genau wie die vorherigen Sendungen wurde sie direkt in das Studio übermittelt.

Der Führer von One Voice begann und sah dabei direkt in die Kamera.

„Mein Name ist Björn Johansson, und ich bin der Führer der One Voice Partei. Meine Partei und andere politische Parteien wie meine, sowohl in Schweden als auch im Ausland, haben die extreme Gefahr und das unvermeidliche Desaster hervorgehoben, die die Aufnahme so vieler Einwanderer mit sich bringt. Während ein paar dieser Menschen ehrlich sind und hart arbeiten, kommen leider viele – viel zu viele – einfach nach Schweden, um unsere Sozialprogramme auszunutzen und Ärger zu machen. Und ich glaube, dass die ehrlichen und hart Arbeitenden eine immer mehr schrumpfende Minderheit sind. Wir haben gerade alle gesehen, wie Mr. Hoodoa ein perfektes Beispiel dieser zweiten Klasse darstellt. Ich schlage vor, dass alle diese sogenannten Flüchtlinge Tests in Schwedisch bestehen und die Fertigkeiten dazu haben müssen, sich ihren Lebensunterhalt zu verdienen. Einwanderer, die sich momentan in Schweden aufhalten und diese beiden Tests nicht

DIE LETZTE BASTION DER ZIVILISATION

bestehen, werden mit schwedischen Pässen, die in sieben Tagen ablaufen, in ihr Heimatland deportiert. Ich lege es allen Parteien ans Herz, diesen Vorschlag in Erwägung zu ziehen, und ich bitte Sie alle dringend, mit den Füßen abzustimmen – versammeln Sie sich auf dem Platz in Ihrem Stadtzentrum und singen Sie unsere Nationalhymne. Ich werde heute Abend bei so vielen dieser Treffen erscheinen, wie mir möglich ist. Danke. Und bitte beten Sie für unser Schweden."

Keiner im Raum sagte ein Wort.

Schließlich sagte der Interviewer, „Sie sind Atheist, oder?"

„Ja, aber nach diesem Nachmittag denke ich nochmal drüber nach."

Keiner lachte.

Einen Moment später kündigte ein Klopfen an der Tür die Ankunft von Johanssons Auto an.

Johansson wandte sich an den jungen Interviewer und fragte, „Wollen Sie mitkommen?"

„Sicher," war alles, was der Interviewer herausbekam.

Dreißig Minuten später saßen sie im Hubschrauber der Partei.

Ab 6 Uhr abends und innerhalb der nächsten 13 Stunden besuchten der Politiker und der junge Reporter 32 Plätze in den Innenstädten. Auf jedem

Platz war Johanssons Botschaft dieselbe – es ging hier nicht um Parteien, es ging um das Überleben von Schweden und im Großen und Ganzen um das Überleben von Europa.

Die Wahl war schon für September geplant worden.

Manche Hitzköpfe in der Partei schlugen vor, dass Johansson versuchen sollte, sie vorverlegen sollte.

Aber er schüttelte den Kopf, „Das wäre nicht fair."

Wie er es erwartet hatte, vergaß man die Taten von Mr. Hoodoa und seinen Kohorten nicht so einfach, besonders angesichts der Tatsache, dass sie 167 Millionen Mal pro Monat auf HyperTube angesehen wurden.

Am Ende des Wahltags war Mr. Johansson der neue schwedische Premierminister, mit umwerfenden 61 % der Volksabstimmung auf seiner Seite.

●

Die Geschichte des deutschsprachigen Europa folgte einem ähnlichen Pfad wie Schweden, nur ein halbes Jahrzehnt später. Die Deutschen waren Einwanderern gegenüber viel misstrauischer gewesen als die Schweden; die Schweden sahen sich als die rechtmäßigen (und oft selbstgerechten) Wächter der Aufklärung;

DIE LETZTE BASTION DER ZIVILISATION

die Deutschen sahen die Schweden als Narren ohne Standvermögen.

Wie ein selbsternannter „weiser alter Kauz" in Berlin seine Fans im alten Internet von damals zu Recht erinnert hatte: „Ihr könnt mir jeden abfälligen Namen geben, den ihr wollt, aber Schwarze aus Afrika kommen Deutschen einfach nicht gleich. Intellektuell sind sie Weißen und Japanern unterlegen; sie sind ungebildet und mehr wie Tiere als Menschen. Ja, sie haben ein herrliches Gefühl für Rhythmus, aber sie sind – in der schlussendlichen Analyse – einfach extrem muskulöse, einfache Wesen und generell zu höherer Bildung unfähig. Die Wenigen, die es auf die Universität schaffen, schaffen das nur dank ihrer weißen Gene und indem sie sich wie Weiße verhalten. Die natürliche Ausdrucksweise des afrikanischen Schwarzen ist Faulheit – Faulheit, die Kriminalität bedeutet. Nun könnt ihr selbst entscheiden, was ihr für eure deutschen Kinder und Enkel wollt – den schwedischen Alptraum zu erleiden oder der Realität ins Auge zu blicken, wie unbequem sie auch immer sein mag, und dieses angsteinflößendste aller Dinge zu tun: erwachsen zu werden und die Welt als Erwachsener zu sehen."

Das war ein Punkt, den der Berliner Politiker die nächsten drei Jahre lang predigte: dass weiße Europäer sich vorgemacht hatten, überlegene menschliche Wesen zu sein, indem sie die afrikanischen Einwanderer als arme Leute behandelten, die vom Schicksal furchtbar misshandelt worden waren, und dass diese afrikanischen Einwanderer mit mehr staatlicher Förderung den weißen Europäern gleich werden würden, eben nur mit einer gesunden, schokoladenfarbenen Haut. Das war es, was die deutschen Schulen gelehrt hatten, und diese Schulen hatten den Krieg von 39 als willkommene Ausrede benutzt.

Das Problem war aber, dass es nicht stimmte. Immer mehr afrikanische Einwanderer und Mohammedaner hatten Europa überflutet. Die ganze Zeit über biederten sich die passiven, schwachen und weichen europäischen Politiker sowohl bei ihren eigenen Wähler an als auch bei den Einwanderern, indem sie so taten, als könne die Regierung alle Probleme lösen und als ob die Probleme in der Tat geringfügig waren – nur temporäre Schlaglöcher in der Straße. Die europäische Elite sah sich selbst als überlegene Wesen, und indem sie dieses moderne *„Adel verpflichtet"* lebten, lieferten sie den Beweis dafür.

●

Traurigerweise kam dann doch das harte Gesicht der Realität ans Licht – mit immer mehr staatlicher Unterstützung kauften die Einwanderer immer mehr

DIE LETZTE BASTION DER ZIVILISATION

Haschisch. Und je höflicher die Polizei war, desto mehr Vergewaltigungen begingen die Afrikaner – der ungeheuerlichste Fall war, als ein Wolfsrudel von neun afrikanischen Einwanderern einen Lieferwagen stahl und einem Schulbus einer Mädchenschule folgte, der von einem Ausflug zur Stockholmer Kunstgalerie zurückkehrte. Es war kurz vor siebzehn Uhr, als der Lieferwagen den Bus von der Straße abdrängte. In weniger als 30 Sekunden hatten die Afrikaner dem Fahrer und zwei der vier Lehrerinnen eins über den Schädel gezogen. Alle 32 Mädchen und die beiden Lehrerinnen, die bei Bewusstsein waren, wurden mehrfach vergewaltigt; die meisten auch anal. Eine der beiden Lehrerinnen fragte klagend, warum?

„Warum, Schlampe? Du fragst warum, du weiße Schlampe? Einfach so, Schlampe. Weil wir es tun können. Und ihr könnt es vergessen, eure Türen abzuschließen. Wir Nigger sind überall, und wir lieben enge, saubere weiße Pussys wie dich und deine kleinen Mädchen. Schlampe, dein Land ist total am Arsch, genauso wie du heute in den Arsch gefickt worden bist. Total."

●

Sechs Monate später hatten sich fünf der Mädchen umgebracht, genau wie beide Lehrerinnen.

Eine der Lehrerinnen hinterließ eine Nachricht, die mit Tränen befleckt war.

„Es tut mir leid, dies zu tun, aber seit dem Angriff besteht mein Leben nur noch aus Angst. Ich wache am Morgen auf und habe Angst. Ich gehe in die Schule zur Arbeit und habe Angst. Ich komme nach Hause und habe Angst. Ich schlafe mit demselben furchtbaren Alptraum, Nacht für Nacht. Mein Leben besteht nur aus Angst. Es tut mir leid, aber ich habe den Willen dazu verloren, diese Angst zu bekämpfen."

●

Vor diesem Hintergrund wurde die deutsche One Voice die größte Partei im deutschsprachigen Europa. Wie bei den anderen Ländern in Nordeuropa war die Plattform der Partei einfach: dass absolut alle Einwanderer sowohl fließend Deutsch sprechen als auch einen echten Job haben mussten.

12

DER AUFSTIEG UND AUFSTIEG DES US-PRÄSIDENTEN SEBASTIÁN LÓPEZ

Von Peter Johnson
Kanadisches Institut für politische Studien
Montag, 3. Juni 2041

VON ALL DEN PRÄSIDENTEN DER alten Vereinigten Staaten und dem neuen Großraum der Vereinigten Staaten ist Präsident Sebastián López Jr. vermutlich der ungewöhnlichste.

Präsident López hatte weder Harvard besucht noch Stanford; und er hat auch keinen Business-Master-Abschluss von Wharton. Er ist der Sohn eines Kleinstadt-Drogenhändlers, Waffenschmugglers und Teilzeitinformanden für das Rauschgiftdezernat und hat statt all diesen Abschlüssen aber die unsterbliche Loyalität der Bürgermeister der vier größten Städte in den Vereinigten Staaten: Los Angeles, San Diego, San Antonio und San José. Drei dieser vier Bürgermeister wurden selbst im ehemaligen Mexiko geboren, während der Vierte, Juan Ramos, das neunte Kind von in San Diego lebenden mexikanischen Einwanderern ist.

Die alte englische Presse hatte sich oft auf sie als die „vier Bürgermeister der Apokalypse" bezogen. Und als diese englischsprachigen Zeitungen „für unbestimmte Zeit suspendiert" wurden, setzte sich der Ausdruck im Internet durch.

Mit der Unterstützung dieser vier Bürgermeister war López in der Lage, auf der nationalen Bühne Aufsehen zu erregen. Seine Strategie war risikoreich und explosiv – er sprach während seines ganzen Wahlkampfes ausschließlich Spanisch. Und als ihm von einem Pressemitglied eine Frage auf Englisch gestellt wurde, antwortete er in Spanisch. Der Grund, den er dafür nannte, war „Der Lateinamerikaner ist in Amerika der Neger der vergangenen 100 Jahre gewesen, und jetzt ist es an der Zeit, dass der Latino seinen rechtmäßigen Platz einnimmt. Da amerikanische Politiker nur Englisch sprechen, glaube ich, von Gott die Pflicht auferlegt bekommen zu haben, nur Spanisch zu sprechen und damit zu versuchen, das Gleichgewicht zu verändern, ein Gleichgewicht, das den gottesfürchtigen und familienorientierten Latinos gegenüber aus dem Lot geraten ist."

DIE LETZTE BASTION DER ZIVILISATION

●

In den frühen Tagen seiner Kampagne machte sich die Öffentlichkeit über dieses Getue lustig, und es machte viele alte Latino-Politiker nervös, geschult, wie sie waren, in der Sprache des Kompromisses und der kleinen Schritte. Aber nach den ersten drei Vorwahlen in New Mexico, Arizona und vor allem Texas änderte sich die Windrichtung, und López bekam mehr Schwungkraft.

López's Frau, María José, die ehemalige Miss Mexiko, erwies sich als großer Pluspunkt – sie war bei den Latinas unglaublich beliebt. Es wurde gemunkelt, dass sie auch sehr wie eine Eva Peron des Nordens war – wen sie mit ihrem Intellekt nicht überzeugen konnte, den überzeugte sie mit ihrem weiblichen Charme. Und da es allseits bekannt war, dass ihr Intellekt eher bescheiden war, musste ihr Körper des Öfteren den Dienst antreten.

Der Weltfriedensrat hatte Kanada gebeten, 500 Beobachter zur Verfügung zu stellen, um die Wahl zu überwachen, da unter den englischsprachigen US-Auswanderern in Kanada weitverbreitete Gerüchte über Wahlbetrug in vergangenen US-Wahlen kursierten und dies dem WFR zu Ohren gekommen war. Natürlich sträubten sich die USA, wie sie es immer tun, wenn die

Möglichkeit von irgendwelchen Unregelmäßigkeiten erwähnt wird, aber als der WFR einen möglichen Entzug der WFR-Unterstützung für den geschwächten US-Dollar androhte, der derzeit bei einem Wert von neun zum Yen stand, willigten die USA zögernd ein.

•

Tatsächlich war diese Vorsichtsmaßnahme nützlich – die Korruption betraf nun das ganze System. Die Älteren blickten mit rosaroten Brillen auf die Wahlkämpfe von 2032 und 2036 zurück, die in ihrer Sauberkeit sehr gewissenhaft gewesen waren. Diese beiden Wahlkämpfe zusammen repräsentierten die Verherrlichung der amerikanischen Demokratie.

Es war nicht überraschend, dass die schlimmste Stadt – und es gab über 50, die als „inakzeptabel" bewertet wurden – Chicago war. Selbst in der Zeit vor der manipulierten Wahl von 1960 hatte Chicago den zweifelhaften Ruf, die unehrlichste Stadt in der Geschichte der Wahlen zu sein, seit sie vom Jahre 1900 an aufgezeichnet wurden. In der letzten Präsidentenwahl wählten nur 13 % der wahlberechtigten Schwarzen. Während diese Anomalie nicht voll analysiert worden ist, so besagen doch einige Gerüchte, dass die mächtige „20 and Eight"-Bande eingesetzt worden war, um schwarze Bürger vom Wählen abzuhalten. Es war die „20 and

DIE LETZTE BASTION DER ZIVILISATION

Eight"-Bande, die schwarze Straßengangster benutzte, um die Drogen des „Eisernen Dreiecks" zu verhökern.

13

PERLEN VOR DIE SÄUE: SCHWEINE UND DER ZUSAMMENBRUCH DES KOMMUNISTISCHEN CHINA

Von Hiroki Nakamura, Ph.D.
Institut für Fortgeschrittene Studien, Tokio
Donnerstag, 4. Juli 2041

IM JAHR 1895 WURDE DER Krieg zwischen Japan und China dadurch entschieden, dass die chinesischen Soldaten keine Munition mehr für ihre Gewehre hatten – der chinesische Quartiermeister hatte das Geld für Huren und Opium beschlagnahmt.

Im Jahr 2014 wurde der Quartiermeister der chinesischen Armee abgesetzt, weil er 400 Millionen US-Dollar für Huren und private Paläste ausgegeben hatte.

Je mehr Dinge sich ändern, desto mehr bleiben sie gleich.

ANDREW BLENCOWE

In jüngerer Zeit und auf ähnliche Art und Weise hatte der plötzliche und unerwartete Zusammenbruch des kommunistischen China seine Wurzeln in dem gleichen chinesischen Wesenszug, aber mit einer interessanten Wendung.

●

Der Zusammenbruch des kommunistischen China war schon seit dem ersten Jahr nach der „Machtübernahme" des Kommunismus vorausgesagt worden – es war wirklich keine Übernahme gewesen, denn in Wirklichkeit gab es wenig oder gar nichts zu übernehmen.

Bis zum Jahr 2032 war die kommunistische Partei in der Lage, ihre Übermacht zu halten. Es stimmte, dass es einige Hindernisse auf ihrem Weg gegeben hatte: das Massaker auf dem Platz des Himmlischen Friedens; die Straßenschießerei 2017 im Zentralen Distrikt von Hong Kong durch die Volksbefreiungsarmee der 317 Umbrella-Demonstranten; die Drohnenattacken 2024 in Ostchina, die geschätzte 1.700 Menschen töteten (was in allen Einzelheiten und schadenfroh mit den Satellitenaufnahmen der NSA auf dem alten YouTube-Kanal gezeigt wurde). Aber im Großen und Ganzen wurstelte die Partei sich so durch, mit ihrem liebenswerten Entzücken am frühen stalinistischen Gebärdenspiel – mit dem unerlässlichen

DIE LETZTE BASTION DER ZIVILISATION

schwarzgefärbten Haar; mit den Massenkundgebungen der Gläubigen, die 2017 anfingen; mit den neuen Fünf Täglichen Freiheiten, die man 2021 einführte; und 2024 wurde die neue Nationalhymne *comme il faut* am Anfang jeden Tags überall.

Aber Anfang des Jahres 2032 brach das Einheitsgebilde, das als China bekannt war, innerhalb von 39 Tagen zusammen wie ein schwarzer Stern, der sich selbst auffrisst. In kürzerer Zeit, als die Deutschen gebraucht hatten, um 1940 die Franzosen zu zerstören, verschwand das Land China vom Erdboden und wurde durch eine lockere Konföderation von ewig streitenden modernen Kantonen ersetzt. Aber diese scheinbare Plötzlichkeit hatte sich in Wirklichkeit schon seit Jahrzehnten angebahnt. Und es hatte alles in Argentinien in den frühen 1990er Jahren begonnen….

●

Am Anfang des Jahres 1991 begannen argentinische Bauern, tausende Hektare Wald abzuholzen; und sie verlagerten auch ihre traditionelle Rinderzucht von den Pampas in einsamere Gegenden.

Weswegen?

Sojabohnen.

Oder etwas genauer, Sojabohnen für chinesische Schweine. Und diese Viecher wurden ihrem Ruf gerecht – jedes Kilogramm des Körpergewichts eines Schweins brauchte sechs Kilogramm Futter, und Futter bestand wiederum hauptsächlich aus Sojabohnen, Sojabohnen aus Südamerika, zum größten Teil aus Argentinien. Die letzten Statistiken zum Viehbestand waren aus dem Jahr 2029, und sie schätzten eine chinesische Herde auf 1.700 Millionen Tieren (87 % der Schweinepopulation der Welt.) Von 1990 bis 2030 erhöhte sich die argentinische Sojabohnenproduktion um ein Sechzehnfaches, und die Exporte erreichten 2030 ihren Höhepunkt von 31 Millionen Tonnen.

Aber die schockierende Zerstörung der argentinischen Wälder war das kleinste Problem. Und es war der direkte Zusammenhang mit den argentinischen Anbaumethoden, die den Zusammenbruch des alten China hervorrief. Auf die 78 Millionen Hektar genetisch modifizierter Sojabohnen schütteten die argentinischen Bauern geschätzte 950 Millionen Liter Pestizide und Herbizide. Und die basierten fast ausschließlich auf Glyphosat. Die ersten Anzeichen von Problemen zeigten sich in Argentinien schon 2005, als der Prozentsatz von Geburtsdefekten in Säuglingen, die im Kinderkrankenhaus Cordoba zur Welt kamen, in die Höhe zu schießen begann. Selbst in diesen frühen Tagen – im Jahr 2005 – war die hauptsächliche Todesursache für Kinder unter einem Jahr in Cordoba

DIE LETZTE BASTION DER ZIVILISATION

Missbildung, nicht Unterernährung. Zu dieser Zeit war der amerikanische EPA-Standard für Glyphosat 0,7ppm (Anteile pro Million), während der strengere europäische Standard bei 0,2ppm lag. Blutproben von werdenden Müttern in Cordoba zeigten Konzentrationen von bis zu 198ppm.

Aber es war nicht der massive Anstieg der Missbildungen im fernen Südamerika, der den Zusammenbruch Chinas herbeiführte. Der Grund war, dass die chinesischen Schweinefarmen den Giftgehalt des Sojabohnenfutters weiter in die Höhe trieben, indem sie ihre eigenen todbringenden Antibiotika-Cocktails hinzufügten. Und das geschah folgendermaßen:

●

Seit Wildschweine in Südchina vor 10.000 Jahren zuerst domestiziert worden waren, hatten die chinesischen Farmen immer versucht, das System auszutricksen – sie versuchten so gut wie alles, um das Gewicht der Schweine beim Verkauf im Schlachthof in die Höhe zu treiben. Die gängigste Methode war das einfache, aber sehr effektive Hilfsmittel, einen Gartenschlauch in die Kehle des Schweins hinunter zu zwängen und zehn Liter Wasser hineinlaufen zu lassen, sodass das Schwein zehn Kilogramm zunahm.

Natürlich hielt dies nur eine Stunde lang vor. In den letzten 30 Jahren griffen die immer betriebsamen chinesischen Schweinefarmer auf immer höher steigende Mengen von Wachstumshormonen, gepaart mit Antibiotika, zurück, und sie taten das mit dem selben Enthusiasmus, mit dem Edith Piaf bei *Chez Marguerite* gesungen hatte – dem Lieblingsfreudenhaus der Gestapo, direkt in der Nähe des Gestapo-Hauptquartiers.

Wenn man das mit dem giftigen Sojabohnenfutter aus Südamerika mixte, erschuf man Schweine, die immer größer und immer weicher wurden, aber zur gleichen Zeit auch immer anfälliger. Die Tragödie der jungen Mütter Cordobas begann, sich auf China auszuweiten, und zwar hundertmal schlimmer – Geburtsfehler in chinesischen Städten schossen in die Höhe; zur gleichen Zeit gab es immer mehr Berichte von seltsamen Verdauungsproblemen, zuerst bei den Älteren und dann innerhalb der nächsten fünf Jahre bei der gesamten Bevölkerung. Die kommunistischen Herrscher versuchten natürlich, die furchtbaren Statistiken zu verheimlichen – Geburtsfehler, die 500 mal (nicht Prozent), 500 mal höher waren als in Europa.

●

DIE LETZTE BASTION DER ZIVILISATION

Es ist kein Zufall, dass die großen Schweinefarmer begannen, ihre Schlachthäuser auf ihren eigentlichen Farmen zu bauen. Für den außenstehenden Beobachter schien dies geschäftlich keinen Sinn zu machen. Es war das Obere-Atmosphären-Ozon-Forschungs-Programm der Japaner, das zufällig auf den Grund stieß. In einer zufälligen Analyse der Satellitenbilder der Hitachi-Supercomputer wurden einige „nicht erkennbare Tierformen" entdeckt. Die Bilder zeigten tote Schweine, die in offenen Lastwagen befördert wurden. Was die Computer daran verwirrte, war, dass diese Schweine sechs oder acht oder sogar zehn Beine hatten. Also war es der Zweck dieser neu gebauten Schlachthäuser, das Geheimnis zu wahren, indem man die toten Mutationstiere schlachtete, ohne dass es irgendwelche Außenseiter mitbekamen – „Speck ist Speck" war der verbreitete Spruch der Bauern.

Als die Japaner diese Bilder mit einer Beschreibung der möglichen Ursachen veröffentlichten, tat die chinesische Regierung den noch nie dagewesenen Schritt, alle diplomatischen Beziehungen mit Japan zuerst vorübergehend auszusetzen und dann zu beenden. Die Welt war von diesen extremen Maßnahmen der Chinesen aufgrund eines scheinbar unbedeutenden – in der Tat trivialen – Berichtes der Wissenschaftler vom japanischen

Oberen-Atmosphären-Ozon-Forschungs-Programm schockiert. Allerdings stellte es sich heraus, dass diese hysterische Reaktion lediglich der Anfang war.

•

Was die Welt in ihrer Gesamtheit damals nicht wusste, war, dass die alte kommunistische chinesische Regierung sich des Problems nur allzu bewusst war und dass die Japaner ungewollt den wundesten Punkt getroffen hatten. Natürlich war die stalinistische Reaktion der Chinesen die schlimmstmögliche Maßnahme, da sie nur Wissenschaftler und Regierungen weltweit dazu alarmierte, etwas genauer hinzusehen.

•

Der Grund für den alarmierenden Anstieg der Todesrate unter der älteren Bevölkerung überall in China wurde innerhalb von nur drei Wochen aufgedeckt. Leider waren es zwei ganz verschiedene Dinge, den Grund zu kennen und etwas dagegen zu unternehmen. Genau wie der Anstieg der chinesischen Geburtsfehler hatte die angestiegene Todesrate der Älteren die gleiche Ursache: Südamerika.

Einer der heimtückischsten Effekte von Glyphosat ist seine Auswirkung auf die menschliche Darmflora. Diese Mikroflora ist ein stiller Mitarbeiter im

DIE LETZTE BASTION DER ZIVILISATION

Verdauungsablauf von Säugetieren und ist unerlässlich, um Krankheitserreger unter Kontrolle zu halten. Einer der häufigsten und gefährlichsten dieser Krankheitserreger ist Clostridium-Botulinum, der „Botulismus" hervorrufen kann. In einer bekannten Studie fanden deutsche Forscher heraus, dass bestimmte Darmbakterien Bakteriocine herstellen, die Clostridium-Botulinum zersetzen. Leider werden diese wichtigen Bakterien aber schon von der kleinsten Spur von Glyphosat zerstört.

Das Problem war also, wie man den Magen der Älteren wieder mit Bakteriocinen ausstatten konnte, nachdem das Glyphosat schon Schaden angerichtet hatte. Bei einem normalen, gesunden Erwachsenen wäre dies relativ einfach gewesen, aber das Problem war, dass das Glyphosat sich bereits im System des Patienten befand, und jedes Mal, wenn eine Dosis von Darm-Mikrobakterien gegeben wurde, zerstörte das Glyphosat sie. Außerdem ist die Sterblichkeitsrate bei Botulismus hoch, und der Tod tritt schnell ein. Laut Berichten, die europäische Ärzte, die in chinesischen Krankenhäusern arbeiteten, von dort herausschmuggelten, lag die Sterblichkeitsrate dieser vom Menschen verursachten Clostridium-Botulinum-Epidemie in China nicht bei den typischen 5 %, sondern eher bei 25 %. (Zwei französische Ärzte in Schanghai, die töricht genug waren, sich öffentlich gegenüber einem Reporter der Agence France-Presse zu äußern, wurden ohne viel Federlesens vor ein geheimes Gericht gestellt und am selben Tag für die „Preisgabe von Staatsgeheimnissen" verurteilt – die klassische Taktik des kommunistischen Chinas für jeglichen Regimekritiker von Nobelpreisträgern bis hin zur bescheidenen Highschool-Schülerin, die die Prüfungsergebnisse ihrer Klasse online stellt.)

●

Montag, der letzte Tag im Juni 1924, war ein glühend heißer Tag in Washington mit einer Luftfeuchtigkeit von über 90 % und einer Temperatur von über 35 Grad im Schatten, falls irgendeine Art von Schatten gefunden werden konnte. Kurz nach zwölf Uhr mittags konnte man auf dem Tennisplatz des Weißen Hauses zwei junge Männer sehen, die sich trotz der Hitze in einem leidenschaftlichen, wenn auch etwas unausgeglichenem Tennisspiel austobten.

Der junge Calvin Coolidge Jr. war insgeheim entzückt darüber, mit seinem älteren Bruder John zu spielen. Die Ungleichheit des Spiels dämpfte keineswegs seinen Enthusiasmus. In der Tat war Calvin an diesem heißen Montag sogar so motiviert, dass er vor lauter Eile die Socken vergessen hatte, als er sich anzog.

DIE LETZTE BASTION DER ZIVILISATION

Stunde um Stunde fanden die beiden Jungen Vergnügen daran, die weißen Tennisbälle hin und her zu schlagen. Erst um beinahe vier Uhr hörten sie auf, weil Calvin eine Blase am rechten Fuß hatte und hinkte. Keiner der beiden dachte sich etwas dabei. Acht Tage später war Calvin Coolidge Jr. tot.

Nichts konnte unternommen werden, um die tödliche Blutvergiftung des Lieblingssohnes des mächtigsten Mannes der Welt zu stoppen – es gab keine Antibiotika.

●

Heute, im Jahr 2041, kann man sich eine Welt ohne Antibiotika nicht vorstellen. Wenn man nicht mehr Antibiotika einsetzen könnte, wäre das, als ob man das Rad der Zeit 120 Jahre zum Jahr 1924 zurückdrehen würde; Routineoperationen wie Hüftprothesen würden lebensgefährlich; und gängige robotische Organtransplantationen wären unmöglich.

Und doch bewegen sich die Bauern der Welt in genau diese Richtung.

Als er 1945 den Nobelpreis gewann, sagte Sir Alexander Fleming in seiner Rede, *"Im Labor ist es nicht schwer, Mikroben resistent gegen Penicillin zu machen, indem man sie Konzentrationen aussetzt, die nicht ausreichen, um sie zu töten, und das Gleiche ist gelegentlich auch im menschlichen Körper geschehen.*" Es wurde eine Standardaufgabe für Studenten im Grundstudium der Mikrobiologie, Bakterien im Labor herzustellen, die resistent gegen Antibiotika waren. Innerhalb von 72 Stunden schießt der resistente Bestand auf Milliardenhöhe.

●

Die am meisten Schuldigen an diesem hochriskanten Pokerspiel waren die chinesischen Schweinefarmer, für die jede Handlung, die die Profite erhöhte, akzeptabel und sogar bewundernswert war. Ein Extremfall, in dem der Profit über die Sicherheit gestellt wurde, der heute noch angeführt wird, war die furchtbare Geschichte der chinesischen Milchprodukte im Jahr 2008, die absichtlich mit giftigem Melamin gepanscht wurden – einem Plastik, das feuerfest ist und oft für die Herstellung von Küchenarbeitsplatten verwendet wird. Es ist der 67 % Anteil von Stickstoff in Melamin, der es als Flammschutzmittel so effektiv macht. Aber dieser besagte Stickstoff hat noch eine teuflische Verwendung – er treibt den Proteingehalt von Milch in die Höhe; die beiden gängigen Tests – die Kjeldahl- und Dumas-Methoden – messen beide einfach den Proteingehalt (mittels der Stickstoffkonzentration) und können die Quelle nicht feststellen. So werden also

DIE LETZTE BASTION DER ZIVILISATION

Stickstoff aus Melamin und der natürlich auftretende Stickstoff in den Aminosäuren der Milch als identisch angesehen. Über 300.000 Babies wurden in Krankenhäuser gebracht und über 100 starben, laut den inoffiziellen Zahlen; die Zahlen sind inoffiziell, weil die chinesische Regierung damals sagte, *„da dies keine ansteckende [sic] Epidemie ist, besteht keine Notwendigkeit zur Veröffentlichung der Anzahl von Todesfällen."*

Der Profit-um-jeden-Preis-Ansatz der chinesischen Bauern bedeutete den immer höher werdenden Gebrauch von billigen Antibiotika. Aber was die chinesischen Bauern nicht wussten, war dies ein Teufelspakt, denn mit der steigenden Verwendung von Antibiotika schwächen die Bauern langsam, aber unvermeidlich die Herde, und die chinesischen Schweineherden sind heutzutage so extrem inzestuös, dass viele Herden von 5.000 Schweinen aus lauter Halbbrüdern und Halbschwestern bestehen. Die sogenannten Siebener Epidemien von 2007, 2017 und 2027 zeigen alle die ungeheuerlichen Gefahren des Vorgehens in der chinesischen Schweinezucht. 2007 starben geschätzte 45 Millionen Schweine an der „Blauohr-Schweinekrankheit"; 2017 waren es 14 Millionen; und 2027 waren es unglaubliche 215 Millionen tote Schweine in weniger als acht Monaten. Es war diese dritte und schlimmste Epidemie, die das erste Brüchigwerden in der Verteidigung dieses politisch wesentlichen Grundnahrungsmittels von Seiten der kommunistischen Partei Chinas zeigte.

●

In einem Versuch, die Folgen sowohl dieser vom Menschen verschuldeten Epidemien als auch der echten Naturkatastrophen abzumildern, richtete die Partei eine Schweinereserve ein – einen riesigen Vorrat von gefrorenem Schweinefleisch sowie Lebend-Schweinen, die als Reservekapazität dienen sollten, um Angebot und Nachfrage auszubalancieren; wenn das Angebot hoch war und dementsprechend die Preise sanken, kaufte das Vorratsbüro die überschüssigen Kapazitäten auf, um die Profite der Bauern sicherzustellen; wenn das Angebot niedrig und die Preise hoch waren, gab das Vorratsbüro etwas von seiner Reserve an die Schweine-Großhändler heraus.

Das war wenigstens die Theorie.

Aber genau wie beim Krieg von 1895 lag der Teufel im Detail. Was in Wirklichkeit passierte, war ein Hütchenspiel, das selbst den abgehärtesten New Yorker Gauner im Washington Square Park beeindruckt hätte. Anstatt echte Ware in Empfang zu nehmen, machte das Vorratsbüro einfach eine Eintragung in den Büchern und beging somit wahrhaft ehrliche Korruption, der geheiligten Tradition des Bostoner Bürgermeisters

DIE LETZTE BASTION DER ZIVILISATION

Honey Fitz folgend. Während also die Berichte für die Mandarins in Peking alle schön sauber aussahen, war die Wirklichkeit ganz anders.

Zum Beispiel sprach der Bericht des Vorratsbüros an Peking im Jahr 2029 von 700 Millionen Schweinebäuchen, die an die 12 riesigen Kühlhäuser geliefert worden waren, die überall in China verstreut waren. Die Wirklichkeit sah etwas nüchterner aus: Von den 12 巨大的猪冷冻仓库 (riesigen Schweinekühlhäusern) existierten tatsächlich nur zwei, und sie waren um einiges kleiner als die Chefs in der Hauptstadt sich so gerne vormachten. Aber – wenigstens bis auf Weiteres– lief alles wie geschmiert, und die Chefs hielten es nicht für nötig, irgendwelche Fragen zu stellen, denn jeder von ihnen bekam schließlich als Geschenk des Vorratsbüros ein ganzes Schwein pro Woche – „es muss wohl funktionieren, denn ich bekomme ja jede Woche ein ganzes Schwein." Sie fühlten sich sozusagen „sauwohl".

Was in Wirklichkeit geschah war, dass das Vorratsbüro 10 % an die Farmer zurückgab und weitere 20 % an den örtlichen Parteiführer für „Verwaltungsaufgaben". Als die Machenschaften 2032 endlich ans Licht kamen, hatte einer der örtlichen Parteiführer in sieben verschiedenen schweizerischen Privatbanken entlang der Züricher Bahnhofstraße ein Vermögen von über 27 Milliarden US-Dollar deponiert; nicht

Millionen, Milliarden. Aber wie es in China so oft geschieht, wurde dieser glückliche Apparatschik ignoriert, und der gewöhnliche Unsinn wurde verbreitet – böse fremde Mächte, die über China und seine Bevölkerung falsche Gerüchte verbreiten.

Aber Gerüchte waren *eine* Sache, *kein* Schweinefleisch eine andere. Da auf Mandarin das Wort für Schweinefleisch das gleiche ist wie das Wort für Fleisch im Allgemeinen, ist die Verflechtung von Schweinefleisch mit dem Seelenleben der chinesischen Nation auch klar, und leere Fleischtresen gingen zurück bis auf die schlechten alten Tage von 1949 und die folgenden Hungersnöte, in denen Mao 30 Millionen Menschen tötete.

14

DIE ENTMANNUNG DES AMERIKANISCHEN MANNES DURCH ÖSTROGENVERGIFTUNG

Von Isao Shimizu, MD, Ph.D.
Universitätsforschungskrankenhaus Osaka
Freitag, den 2. August 2041

EINE DER BEMERKENSWERTESTEN UNTERSCHIEDLICHKEITEN, DIE sich am Anfang dieses Jahrhunderts abzeichneten, war der ausgeprägte Unterschied in der Anzahl an Homosexuellen in den Vereinigten Staaten, verglichen mit Japan.

Mittlerweile diskreditierte amerikanische Sozialkommentatoren erklärten dies arroganter- und falscherweise als ein Zeichen von Japans „Zurückgebliebenheit" – eine „engstirnige und überholte Ansicht der zeitgenössischen menschlichen Sexualität" war eine gängige höhnische Bemerkung.

Es war die von meinen Kollegen am Universitätsforschungskrankenhaus Osaka geleistete Pionierarbeit, die bewies, wie vollkommen falsch die Amerikaner lagen – es war keine soziale, sondern eine chemische Angelegenheit.

●

In den vergangenen sechzig Jahren zeigte Studie um Studie, dass die Testosteronwerte der amerikanischen Männer fielen. Vor 25 Jahren im Jahr 2015 fand das New England Research Institute in Watertown, Massachusetts, heraus, dass die Abnahmerate von Testosteron in amerikanischen Männern bei 1 % pro Jahr lag – eine wahrlich katastrophale Situation. Effektiv bedeutete das, dass ein Mann 2002 um beinahe 15 % niedrigere Testosteronwerte hatte als ein Mann des gleichen Alters im Jahr 1987.

●

In Zusammenarbeit mit dem FACOM Advanced Computer Center in Tokio bewiesen meine Kollegen, dass es die massive Konzentration von Wachstumshormonen in amerikanischem Fleisch und anderen Nahrungsmitteln war, die zusammen mit dem beinahe universellen Gebrauch von Glyphosat und Phthalat in den Vereinigten Staaten im Wesentlichen die perfekten Nahrungsmittel schuf, um amerikanische Männer in Frauen zu verwandeln.

DIE LETZTE BASTION DER ZIVILISATION

Eine der früheren Studien, die unser Team untersuchte, bevor wir das Analyseexperiment entwarfen, war die Studie von 196 Jungen, in der die Phthalat-Werte in schwangeren Frauen und die Männlichkeit ihrer Söhne gemessen wurden. Die Männlichkeit wurde unter Verwendung der allgemeingültigen AGD-Messung festgestellt. Die Ergebnisse waren erschreckend, und die außergewöhnlich hohe Korrelation gab uns Stoff zum Nachdenken.

•

Eine weitere Beobachtung der Viehwirtschaft in den Vereinigten Staaten war, dass der Profit die Sorgfalt stets übertrumpfte. Während also europäische und vor allem japanische Standards für Futterzusätze umfangreich und vorsichtig waren, schienen die Amerikaner darauf versessen zu sein, genau das Gegenteil anzustreben, und zwar mit einer Arroganz, die jetzt im Rückblick ganz eindeutig katastrophal war.

Vor dem bahnbrechenden Bericht von 2019 (der meinen Kollegen in dem Jahr den Medizinnobelpreis einbrachte) hatte es einige halbherzige und größtenteils wirkungslose Boykotte auf aus den Vereinigten Staaten importiertes Fleisch gegeben; japanische Hausfrauen vermieden amerikanisches Fleisch sang- und klanglos, während die Südkoreaner typischerweise mit Massendemonstrationen in Seoul, die manchmal gewalttätig wurden, aggressiver waren. Nichtsdestotrotz basierten die meisten dieser Handlungen und Demonstrationen auf Hörensagen und Gerüchten – es gab wenige wissenschaftliche Beweise.

Das alles änderte sich im März 2019, als der endgültige Bericht veröffentlicht wurde.

Dieser Bericht bewies, dass die Praktiken der amerikanischen Massentierhaltung im Grunde amerikanische Männer entmannten – sie wurden von den Nahrungsmitteln, die sie während ihrer Lebensdauer einnahmen, unvermeidlicherweise weniger männlich und dafür weiblicher gemacht. Manche dieser Auswirkungen fanden bereits statt, bevor sie überhaupt geboren wurden, wie bei oben genannter Studie, während andere Veränderungen extrem schleichend waren und Jahrzehnte dauerten. Aber die Summe der Effekte war ein ausgeprägter und einfach messbarer Abfall von maskulinen Eigenschaften in amerikanischen Männern – von Testosteronwerten bis hin zu AGD-Maßen.

Es war diese chemische Belastung, nicht das populistische New-Age-Geschwafel, die den Unterschied zwischen dem Ausmaß von Homosexualität in den Vereinigten Staaten im Vergleich zu Japan darstellte. Aufgrund der strengen Nahrungsmittelstandards, die

DIE LETZTE BASTION DER ZIVILISATION

in Japan schon immer Gültigkeit hatten, behielten japanische Männer weiterhin normale und gesunde Testosteronwerte. In der Tat sind die T-Werte der japanischen Männer momentan (2041) wesentlich höher als die T-Werte jeder anderen Nation.

Obwohl darum während des Hervortretens von Japan als der vermuteten einzigen Supermacht der Welt" viel Wind gemacht wurde, ist der Meinung dieses Wissenschaftlers zufolge diese Dominanz wohl eher dem überlegenen japanischen Bildungssystem zu verdanken – das zweitbeste Bildungssystem ist heute das von Großdeutschland, und es ist kein Zufall, dass Großdeutschland nach Japan die zweitgrößte Wirtschaftsmacht der Welt ist.

15

DIE KAMPAGNE VOM 20.2.2020: JAPAN STEHT SCHLIESSLICH STOLZ DA

Von Shigeo Yamamoto
Kobe-Zentrum für Politikforschung
Donnerstag, den 5. September 2041

HEUTE IM JAHR 2041 IST es kaum zu glauben, dass es noch vor 20 Jahren amerikanische Besatzungskräfte in Japan gab.

Während die amerikanische Armee in Japan nominell als „die Region stabilisierend" beschrieben wurde, war dies einfach eine fadenscheinige Lüge, die von den Amerikanern und ihren leidgeprüften Unterstützern in der LDP-Partei verbreitet wurde. Der wirkliche Grund, den die Amerikaner so unbedingt verstecken wollten, war, dass sie weiterhin in der Lage sein wollten, Japan zu schikanieren. Das beste Beispiel dieses Einflusses war das Plaza-Abkommen von 1985. Dieses Abkommen wurde als „wachstumsfördernd" angepriesen, und dahinter steckte ein wenig Wahrheit, da es für die Vereinigten Staaten sehr wachstumsfördernd war, was allerdings auf Kosten von Japan ging; und mit all den amerikanischen Truppen, die zu der Zeit in Japan waren, hatten die Japaner keine andere Wahl, als zuzustimmen.

●

Paradoxerweise starteten einige Abtrünnige eben derselben LDP die Kampagne, die als 20.2.2020 bekannt wurde. Der 20.2.2020 war das Datum, an dem alle amerikanischen Besatzungskräfte aus Japan abziehen sollten. Es überraschte nicht, dass es in Okinawa anfing, wo die wichtigsten USMC-Luftwaffenstützpunkte lagen – 18 % von Okinawa war von amerikanischen Truppen besetzt.

Herkömmlicherweise hatten sich die US-Marinesoldaten unauffällig verhalten. Sicher gab es manchmal proletenhaftes Verhalten der amerikanischen Soldaten, aber alles in allem war die Situation relativ ruhig, und die Okinawaer bissen die Zähne zusammen und tolerierten die Anwesenheit der verhassten Fremden.

●

Leider änderte sich das alles am Sonntag, den 4. August 2019. Ein neuer Kommandant hatte kürzlich

DIE LETZTE BASTION DER ZIVILISATION

den Hauptstützpunkt in Futenma übernommen, und er kehrte die Regeln seines Vorgängers in Bezug auf begrenzte und unauffällige Ausgänge ins Gegenteil. In der Vergangenheit war es nur einer geringen Anzahl von Ausländern gestattet, zur gleichen Zeit den Stützpunkt zu verlassen. Aber der neue Kommandant – einer der höchstrangigen schwarzen Marine-Kommandanten – hielt das für unnötig einschränkend und fand, dass es seinen Männern erlaubt sein sollte, ja dass sie sogar das Recht hatten, jedes Etablissement in jeglicher Anzahl zu besuchen. Aber dieser neue Ansatz stellte sich als katastrophal heraus – statt in kleinen und gesitteten Gruppen von vier oder fünf zu gehen, erlaubte die neue Regelung es nun, Gruppen von einer Größe bis zu 500 Soldaten gleichzeitig nach Futenma zu gehen.

●

Eine der wesentlichsten Veränderungen in Amerika in den zehn Jahren vor 2019 war die schnelle und ausgedehnte Polarisierung der amerikanischen Gesellschaft. Die Ellis-Island-Tradition der Assimilation verlangsamte sich, keiner direkten Regel und keinem Gesetz folgend, und kehrte sich dann ins Gegenteil. 150 Jahre lang war es der wichtigste Teil des American Dream gewesen, Amerikaner zu werden. Das bedeutete Assimilation. Aber von den 1980er Jahren an und in beschleunigtem Maße im Jahrzehnt bis 2019 zersplitterte sich die amerikanische Gesellschaft immer mehr in Afro-Amerikaner, hispanische Amerikaner, chinesische Amerikaner und so weiter, sodass Herkunft und Rasse der Hauptfaktor wurden. Und dies führte wiederum zur Entstehung moderner Ghettos.

Im Venedig der Renaissance hatten Ghettos hatten ihren Ursprung als der Stadtteil, in dem die Juden ausgegrenzt waren. Während das jüdische Ghetto in Venedig relativ wohlhabend war, waren andere italienische Judenghettos extrem arm und schmutzig, wie es beim Judenghetto in Rom der Fall war. Den Juden in diesen Ghettos war es oft verboten, während der christlichen Feste Ostern und Weihnachten den Stadtteil zu verlassen.

Besonders für Afro-Amerikaner gab es in den modernen Ghettos in amerikanischen Städten nur verminderte Dienstleistungen und Sicherheit – wesentliche Rettungsdienste wie Feuerwehr und Notärzte würden manche Gegenden nur bei Tageslicht und nur mit schwerbewaffneter Polizeibegleitung betreten. Verbunden mit dem massiven Anstieg der schwarzen Unehelichkeit wurde das hyper-gewalttätige Wolfie-Phänomen (siehe oben) in diesen modernen Ghettos zur Regel und nicht zur Ausnahme.

DIE LETZTE BASTION DER ZIVILISATION

Man lernte erst 2022, dass die amerikanischen Truppen in Japan eine allgemeine „Aufhebungsrate von der Rückstellung" von 16 % hatten; bei Schwarzen waren es 36 %. Eine Aufhebung wird benötigt, wenn ein Rekrut andernfalls als „wehrdienstuntauglich" abgelehnt werden würde. Es gibt viele Gründe, aus denen eine Aufhebung gebraucht werden könnte. In manchen Fällen ist es eine physische Behinderung wie schlechtes Augenlicht; in manchen Fällen ist es wegen einer geistigen Einschränkung wie z.B. einem niedrigen IQ; in manchen Fällen ist es wegen eines Persönlichkeitsproblems wie fehlendem Respekt gegenüber Autorität oder einer Neigung zu Gewalt. Eine frühere, beachtenswerte Aufhebung war diejenige, die Sgt. Bergdahl von der US-Armee gewährt worden war, nachdem er von der amerikanischen Küstenwache nach 26 der 180 Grundausbildungstage entlassen worden war. Die Küstenwache ließ ihn aufgrund einer „nicht näher bezeichneten Entlassung" gehen.

●

Alle amerikanischen Truppen spiegelten mehr und mehr die zivile Gesellschaft wieder. Genau wie in den amerikanischen Gefängnissen wurden die Truppen immer mehr gemäß ihrer Rassengruppierungen eingeteilt. Es war eine dieser Gruppen von 200 bis 500 schwarzen Soldaten (Aussagen über die tatsächliche Anzahl variieren abhängig von den befragten Personen), die in dieser heißen Augustnacht in Futenma über die Stränge schlugen. Die gesamte örtliche japanische Polizei in Futenma sowie die Sicherheitskräfte des Stützpunktes wurden benötigt, um in den Wochen nach dem 4. August 2019 wieder Ordnung herzustellen.

Nachdem wieder Ruhe eingekehrt war, waren neun Japaner tot. Der ungeheuerlichste Moment war, als eine Mutter und ihre beiden Teenager-Töchter zum Ziel einer dieser Wolfie-Splittergruppen wurden. Irgendwie wurden von einem oder mehreren der betrunkenen Soldaten Schüsse abgefeuert, und die drei japanischen Frauen kamen ums Leben. Was genau geschah, ist immer noch unbekannt.

Es überrascht nicht, dass die Japaner außer sich waren. Und um alles noch viel schlimmer zu machen, weigerte sich der neue Kommandant geradeheraus, den Japanern zu erlauben, die Verdächtigen vor Gericht zu stellen. Für die Japaner war dies eine krasse Erinnerung an die Kommentare von Admiral Macke 1995, nachdem drei schwarze Soldaten ein zwölfjähriges japanisches Schulmädchen vergewaltigt hatten, und Macke sagte: *„Meiner Meinung nach war das komplett hirnrissig. Ich habe mehrmals gesagt: Für das Geld, mit dem sie sich das Auto [das sie für ihr Verbrechen] gemietet haben,*

DIE LETZTE BASTION DER ZIVILISATION

hätten sie sich ein Mädchen [eine Prostituierte] leisten können."

Und es war die Erinnerung dieser schändlichen Vergewaltigung, die die bitteren Gefühle gegen die Anwesenheit des fremden US-Militärs wieder aufflammen ließ.

Eine weitere Störung war der Unfall, bei dem ein Transporthubschrauber der US-Marineabteilung im August 2004 in das Gelände der Internationalen Universität von Okinawa stürzte. In diesem Fall sperrten die Amerikaner den Bereich ab und verwehrten den Ermittlern der japanischen Polizei den Zugang, obwohl der Campus auf japanischem Hoheitsgelände lag.

●

Nach dem Aufruhr, der durch Amerikas Reaktion auf die Krawalle vom August erregt worden war, kristallisierte sich aus den japanischen Polizeibefragungen eine schockierende Tatsache heraus. Und sie beantwortete eine Frage: Fünf Jahre lang war Futenma vom Tod einiger älterer japanischer Männer verwirrt gewesen, die mit einem einzigen Schlag auf den Kopf getötet worden waren. Nach vielen Befragungen und Gegenkontrollen entdeckte die Polizei Futenmas eine Gang von Soldaten, die sich die „Williamsburg-Rotte" nannten. Diese kleine Gruppe von sieben schwarzen Soldaten hatte ein furchtbares und bizarres Spiel ausgeheckt, das sie „Knock-out" nannten und bei dem Gangmitglieder einen nichtsahnenden japanischen Mann verfolgten und ihm dann einen einzigen, schrecklichen Schlag ins Gesicht versetzten. Laut eines Experten für Jugendgewalt, Professor Charles Williams, *„Das ist Amerika. Amerika liebt Gewalt und unsere Kinder ebenso. Wir vermarkten Gewalt an unsere Kinder und wundern uns dann, warum sie gewalttätig sind. Der Grund ist: Wir sind es auch."* Die Handys dreier der sieben Verdächtigen enthielten Fotografien der toten japanischen Opfer.

●

Die amerikanische Schönfärberei der Ermittlungen der Augustkrawalle machte die Japaner wütend, genauso wie die Entdeckung der „Williamsburg-Rotte". Japanische Politiker aller Richtungen schlossen sich einheitlich zusammen, und das gab der Kampagne vom 20.2.2020 mehr als alles andere den Anstoß, den sie brauchte. Japanische Talkshows sprachen von nichts als der Kampagne vom 20.2.2020. Es wurde für alle japanischen Politiker unerlässlich, das rot-gelbe Armband der Kampagne zu tragen.

16

BRIDGESTONE-STERNE

Von Satoshi Ito
Institut für Gastronomie, Tokio
Donnerstag, den 17. Oktober 2041

DIE GRÖSSTE REIFENFIRMA DER WELT entstand 2035 mit Bridgestones Erwerb von Michelin. Bridgestone benutzte den Kauf, um die Verkäufe seiner nylonbasierten Reifen für elektrische Autos schnell auszuweiten, die heute 92 % aller Verkäufe neuer Autos in Japan darstellen, 76 % in den Vereinigten Staaten und 34 % in der Konföderation des Neuen China. Diese neuen Reifen waren so beliebt und so im Trend, dass bekannt wurde, dass Besitzer alter schwarzer Reifen diese mit hellblauer Neonfarbe anstrichen, um die neuen, schicken Reifen nachzuahmen.

Eine wesentliche Veränderung, die sich auch ereignete, war das Umbenennen der ehrwürdigen Michelin-Sterne für die Bewertung von Restaurants.

ANDREW BLENCOWE

Das berühmte „Rote Buch" wurde 1900 von Michelin eingeführt, um wohlhabende Pariser dazu zu ermutigen, ihre neuen Automobile zu benutzen (und so die Reifen abzunutzen). Im Jahr 2035 wurde der Führer in „Bridgestone-Michelin-Restaurant-und-Hotel-Führer" umbenannt. Und da dies ein Zungenbrecher war, änderte man den Namen 2037 erneut in das einfachere „Bridgestone-Führer".

Natürlich machten die Franzosen viel Lärm um den Verkauf noch eines weiteren „Kulturerbes". Dieses Mal waren die Demonstrationen und Beschwerden gedämpft. Dies stand in direktem Kontrast zum Verkauf des Louvre und des Eiffelturms innerhalb eines Zeitraums von zwei Wochen im Mai 2030 an Großdeutschland, nachdem die Deutschen sich unmissverständlich geweigert hatten, den Neuen Franc zu unterstützen, der in drei Tagen um 37 % gegen die Reichsmark gefallen war.

Die Deutschen genossen das Spektakel der sich drehenden und windenden Franzosen im Stillen. Als man den Finanzminister Hermann Graf Schwerin von Krosigk hörte, wie er in ein offenes Mikrofon hinein kommentierte: *„Wir haben fertig gestellt, was die Generation meines Großvaters vor 90 Jahren im Mai 1940 begonnen hat,"* gab es von Seiten der Franzosen, die eine unterwürfige Entschuldigung erwartet hatten,

DIE LETZTE BASTION DER ZIVILISATION

sofortigen Aufruhr. Stattdessen brach der Kanzler von Großdeutschland aber einfach die Gespräche zwischen dem deutschen und französischen Finanzministerium ab. Dieser Vorgang war es, der den Neuen Franc in der Börsensitzung eines einzigen Nachmittags um, sage und schreibe, 21 % fallen ließ. Am nächsten Tag, als die Franzosen die Deutschen anflehten, las der Kanzler, der neben von Krosigk stand, ruhig und kurz die Bedingungen zur Unterstützung der französischen Währung von Seiten Deutschlands vor; die Franzosen hatten 12 Stunden, um zu antworten, andernfalls würden die Deutschen ab 9 Uhr morgens des nächsten Tages den Neuen Franc nicht mehr auf die gleiche Art und Weise unterstützen, wie sie es in den letzten zehn Jahren getan hatten. Unter den Sachanlagen auf der langen Liste der Deutschen waren der Louvre und der Eiffelturm. (Es sollte daran erinnert werden, dass Napoleons Grabmal 2025 von der Mohammed-Bruderschaft in Trümmer gesprengt worden war.)

•

Das übliche französische Gejammer und Händeringen geschah vor diesem Hintergrund. *„Aber wenigstens waren es dieses Mal nicht die Deutschen,"* war der gängige Spruch. Außerdem standen alle französischen Beschwerden auf tönernen Füßen, wie die folgende

Tabelle deutlich macht (es sollte daran erinnert werden, dass der erste „Michelin"-Führer für Tokio im alten Stil erstmals 2007 veröffentlicht worden war, und Tokio selbst 2007 mehr Sterne bekommen hatte als Paris).

Schon im Jahr 2007 war Jean-Luc Naret, Michelins redaktioneller Direktor, halsstarrig: *„Tokio ist mit Abstand die Welthauptstadt für Gastronomie."*

Michael Ellis übernahm die Meinung Narets, und sein damals weitverbreiteter Kommentar war *„Die japanische Gourmetküche ist sogar noch kreativer, genialer und erfinderischer als in der Vergangenheit."* Es war das „sogar noch", das den Aufschrei in Frankreich auslöste. Aufmerksame Analytiker zeigten den langsamen Abstieg der französischen Küche auf: der Verlust der traditionellen Brasserien; Frankreich hat mehr McDonalds – „Le Big Mac" – pro Kopf als jedes andere Land der Welt einschließlich der USA.

Bridgestone/Michelin-Sterne

	Tokyo	Paris
2013	323	281
2020	376	299
2025	475	297
2030*	566	176
2035	706	223

* Währungskrise des Neuen Franc

DIE LETZTE BASTION DER ZIVILISATION

●

Genau wie die Tokioer Frauen heute im Jahr 2041 sind, was die qualmenden und anrüchig-sexy Pariser Frauen in den späten 1940er und frühen 1950er Jahren waren, ist die japanische Küche heute das, was die französische zu jener Zeit war: fanatische Hingabe zur Muse; die besten und frischsten Zutaten; die niemals endende Suche nach Perfektion; Präsentationen, die immer perfekt sind.

Ein Beispiel der japanischen Hingabe an dieses Gewerbe ist die Größe der Restaurants. Genau wie in Paris in den 1950ern haben viele japanische Restaurants nur acht oder zehn Sitzplätze – hier gibt es keine McDonalds. Ein Beispiel dieser winzigen Restaurants ist Sushi-Sho, das aus 10 Sitzplätzen besteht. Der Begründer und Chefkoch, der 75-jährige Keiji Nakazawa, war einer der besten Sushi-Experten Japans. Jedem Gast wurde erzählt, wo jeder einzelne Fisch gefangen wurde – Thunfisch aus der Nähe von Nagasaki; Aal aus Osaka und so weiter. Und der ehrwürdige Chefkoch beschrieb auch, ob der Fisch mit der Angelschnur oder mit dem Netz gefangen wurde.

●

Weswegen die fünf wichtigsten Autohersteller im Jahr 2041 alle japanisch sind, wird von dieser Fischgeschichte schön illustriert: Mr. Nakazawas Nachfolger besteht darauf, die Tiefe zu wissen, in der die Fischer den Goldaugenschnapper gefangen haben, denn bei einer Tiefe von mehr als 200 Metern macht der Wasserdruck die Haut des Fisches zu zäh. Wenn Ausländer sich gegenüber so viel Liebe zum Detail überrascht zeigen, sind die japanischen Gastgeber oft verwirrt – *„aber das ist doch normal für Tokio,"* erklären sie dem Außenseiter oder „gaijin".

●

Für Yakitori-Restaurants ist es üblich, eine Tabelle auszugeben, sodass sich die Essenden den Teil des Vogels aussuchen können, den sie möchten. Und die meisten Yakitori-Restaurants in Tokio verwenden nur Bincho-Kohle – den Rolls Royce unter den Kohlen.

Wie wurde Tokio zur Welthauptstadt der Gastronomie? Die schnelle Antwort ist: langsam. Es dauerte beinahe ein Jahrhundert und begann in den frühen 1960er Jahren. In diesen Tagen war der Reiz der französischen Küche noch nicht von Le Big Mac und von der eigenen abschätzigen Verachtung der Franzosen für harte Arbeit zerstört worden. In jenen Tagen reisten junge Japaner nach Paris, um von den Meistern

DIE LETZTE BASTION DER ZIVILISATION

zu lernen, genau wie junge Honda-Ingenieure zur Isle of Man reisten, um Nortons, Gileras und die gelegentliche MV zu fotografieren. In beiden Fällen waren die Ergebnisse dieselben: totale japanische Dominanz. Es stimmt, dass die Übermacht der Hondas fünfzig Jahre vor den japanischen Köchen begann, die in Paris lernten, aber die Ergebnisse waren dieselben: die komplette Auslöschung der einst großen Europäer.

•

Liebe zum Detail: Es ist in Tokioer Restaurants gängig, Salate auf der Speisekarte zu haben, die aus 37 verschiedenen Gemüsen bestehen, die alle noch vor weniger als 24 Stunden in der Erde wuchsen. Fanatisch? Vielleicht, aber nicht unüblich im Paris der 1950er Jahre und ausgestorben im Paris der 2040er Jahre, mit dem täglichen Zusammenbruch des Neuen Franc und den Dutzenden von Panzerwagen, die permanent auf den Champs-Élysées stationiert sind und kläglich versuchen, die Mohammedaner unter Kontrolle zu bringen, die nun die Stadt des Lichts überschwemmen und kleine Verbrechen an den mittlerweile seltenen Touristen begehen.

•

ANDREW BLENCOWE

Engagement für die Zukunft: Im direkten Kontrast zu Paris ist das Tokio von 2041 überwältigt von der Anzahl der Bewerber für die begrenzte Anzahl der Lehrstellen. Um nur eine gegensätzliche Statistik zu zitieren: Letztes Jahr, 2040, lag die Anzahl der Bewerber für Pariser Patisserien bei 21 % der Stellenangebote; für die Patisserien in Tokio waren es 1,429 % – 14 Bewerber für jede offene Stelle.

17

JAPANISCHE „PARADIESE" REINSTER NAHRUNGSMITTEL

Von Akira Yoshida, Ph.D.
Japanischer Nationaler Rat für Nahrungsmittel-Standards (JNRNS)
Montag, den 21. Oktober 2041

DIE SCHNELL ANSTEIGENDEN FÄLLE VON modifizierten Nahrungsmitteln, die am Anfang dieses Jahrhunderts nach Japan importiert wurden, veranlassten die Regierung dazu, den Aufgabenbereich und die Bandbreite des Japanischen Nationalen Rates für Nahrungsmittel-Standards auszudehnen. Es war der Fall von dem aus dem „alten China" importierten, mit menschlichen Fäkalien verunreinigten Salat, der die japanischen Hausfrauen so aufregte.

Den meisten Menschen ist heutzutage nicht klar, dass die inzwischen allgegenwärtigen japanischen Nahrungsmittel-Paradiese ursprünglich als

Forschungsprojekt des JNRNS erschaffen wurden. Der Name dieser Produktionszentren war zunächst „Nahrungsmittel-Fabriken", aber selbst dem unbelehrbarsten Bürokraten wurde schnell klar, dass keine japanische Hausfrau mit etwas Selbstrespekt jemals daran denken würde, für ihre Familie Nahrung in einer „Fabrik" zu kaufen. Also wurde in den JNRNS-Büros neben dem Kaiserpalast ein Namenswettbewerb abgehalten; die Gewinnerin war eine 21-jährige Büroangestellte, Miki Okino, ursprünglich aus Osaka, die den Preis von vier Tickets für DiseySea Tokio gewann. Ihr siegreicher Vorschlag war „Nahrungsmittel-Paradiese", ein Name, den die drei Preisrichter einstimmig als den besten annahmen. Also wurden die „Nahrungsmittel-Fabriken" zu „Nahrungsmittel-Paradiesen"

●

Das wichtigste Konzept des Nahrungs-Paradieses war es, Japan in Sachen Nahrungsmitteln unabhängig zu machen. Die ausgedehnten Versuche der Amerikaner, Japan in den 1930er Jahren auszuhungern, waren vergessen. Außerdem musste man das Problem der schnell alternden Bauernbevölkerung angehen; denn nicht nur alterte die Bauernbevölkerung, sondern junge Menschen aus ländlichen Gegenden flohen in die großen Städte, vor allem Tokio, um der Knochenarbeit in

DIE LETZTE BASTION DER ZIVILISATION

gebückter Haltung zu entgehen, der alle Bauern ausgesetzt sind; es ist besser, in einem sauberen und warmen Starbucks Espresso zu servieren, als in der Eiseskälte daheim auf den Feldern zu arbeiten.

Diese Faktoren, kombiniert mit Japans wachsender Überlegenheit in Robotronik, führten zum schnellen Wachstum der Nahrungsmittel-Paradiese. Die Grundkonzepte waren eigentlich überraschend simpel: Lasse künstliches Sonnenlicht 24 Stunden am Tag, sieben Tage die Woche, scheinen; verwende sowohl hydroponischen als auch herkömmlichen Boden – und zwar war die angereicherte Erde ein Produkt des Fiji-Boden-Unternehmens, dreimal so nährstoffreich wie echte Erde und mehr als 500 mal so rein – kein Schmutz der modernen Gesellschaft, der diese Erde verunreinigt; und stelle gereinigtes Wasser zur Verfügung, das gleichzeitig nährstoffreich und rein ist.

Das „Sonnenlicht" war Licht, das von speziell entwickelten LEDs der Toyota Motor Corp. generiert wurde und es war weltweit von 47 Patenten geschützt; dieses Licht war das perfekteste für die Förderung von schnellem und natürlichem pflanzlichem Wachstum – keine Chemikalien oder Pestizide, nur perfektes Licht rund um die Uhr. Natürlich erforderten verschiedene Gemüse verschiedene Spektren für optimales Wachstum – die LEDs, die man für den hellgrünen Salat verwendete, unterschieden sich sehr von denen für dunkelgrünen Spinat und Brokkoli; diese verschiedenen Spektren stellten über die Hälfte der Patente dar.

●

Der Bereich der schnellsten Entwicklung war die Robotronik – in den frühen Prototypen der Nahrungs-Paradiese wurden die Pflanzen mit menschenähnlichen Händen geerntet, um zu versuchen, Menschen nachzuahmen. Wie an anderer Stelle in diesem Jahrbuch beschrieben ist, war einer der größtem Fehler der frühen Roboteringenieure ihr sklavischer Ansatz, mit den anfänglichen Maschinen Menschen nachzuahmen, ähnlich wie: Was der Affe sieht, macht er nach. Das war ein Fehler. Die korrekte Herangehensweise, die nach viele Versuch und Irrtum endlich angewendet wurde, war es, die einfachste Frage zu beantworten: Wie kann der Salat oder Spinat oder die Karotte mit den wenigsten Druckstellen geerntet werden? Und es stellte sich heraus, dass ein Daumen und vier Finger eine der am wenigsten erfolgreichen Methoden war – Menschen hatten das in der Vergangenheit nur aus dem einfachen Grund so gemacht, weil sie keine Alternativen hatten.

●

DIE LETZTE BASTION DER ZIVILISATION

Natürlich war ein hydroponisches Nahrungsmittel-Paradies der einfachste Fall. In einem hydroponischen Paradies wird das Gemüse in einem sehr nährwerthaltigen Wasserbad gezogen; es wird überhaupt keine Erde verwendet. Hydroponische Kultivierung hat eine lange Geschichte, die bis ins Jahr 1627 auf ein Buch von Francis Bacon zurückgeht; im Jahr 1699 veröffentlichte John Woodward seine Experimente mit der Kultivierung von Grüner Minze in Wasser; und 1842 übernahmen die Deutschen die Führung, als Julius von Sachs und Wilhelm Knop eine Liste von neun Elementen veröffentlichten, die sie für die beste Kultivierung ohne Erde als wesentlich erachteten.

Salat war das erste hydroponische Gemüse, das in den japanischen Nahrungsmittel-Paradiesen angebaut wurde. Nach den ersten fünf Jahren wurden die Nahrungsmittel-Paradiese alle von Baurobotern errichtet, wodurch die Ausbreitung und das Wachstum der Paradiese extrem beschleunigt wurde: 2018 war nur etwas weniger als ein Prozent aller in Japan angebauten Nahrungsmittel in einem Nahrungsmittel-Paradies produziert worden; 2028 waren es 45 %.

Anknüpfend an die Pionierarbeit von Sachs und Knop war die wichtigste Frage, die die JNRNS zu beantworten hatte: Was ist die optimale Kombination von Spurenelementen und mit welcher Art des Lichts sollen sie kombiniert werden? Würde eine Änderung im Spektrum eine Änderung im Gemisch der Spurenelemente notwendig machen? Und wenn ja, wie könnte das entwickelt werden?

Die elegante Lösung, die die JNRNS-Wissenschaftler zur Verfügung stellten, war es, zuerst die Spurenelemente aufzulisten. Dann wurden die möglichen Spektren aufgeführt, die man benutzen konnte. Als die Listen erst einmal zusammengestellt waren, wurde ein Robotronik-Programm erstellt, sodass im dritten Kellergeschoss der JNRNS in Tokio ein Experiment mit über 32.000 Permutationen durchgeführt werden konnte. Jeder Anpflanzungsbereich bzw. jede Zelle maß 15 Quadratzentimeter und wurde auf allen vier Seiten von geschwärzten Aluminiumblenden geschützt, um eine Beeinflussung durch die angrenzenden Zellen zu verhindern. Auf diese Art und Weise wurde die optimale Mischung in etwas mehr als zwei Wochen entwickelt. Natürlich waren diese optimalen Mischungen von weltweiten Patenten geschützt.

●

Die Nahrungsmittel, die in einem Nahrungsmittel-Paradies produziert wurden, hatten ganz klar viele Vorteile. Vor allen Dingen wuchsen sie in Japan unter japanischer Kontrolle – nie wieder konnte Amerika

DIE LETZTE BASTION DER ZIVILISATION

versuchen, Japan mit einer Aushungerungsblockade zu schaden. Zweitens waren diese Nahrungsmittel so rein wie möglich und das selbst bei den strengen japanischen Nahrungsmittelstandards. Mehr zur Unterhaltung als zur Erbauung stellte die JNRNS einen Vergleich an zwischen Salat, der in einem japanischen Nahrungsmittel-Paradies produziert worden war, und Salat, der in der neuen Nordchinesischen Konföderation und den Vereinigten Staaten gezogen worden war. Die Ergebnisse waren wie erwartet: Das chinesische Nahrungsmittel hatte mehr als 167 mal so viele Verunreinigungen, einschließlich – obwohl das schwer zu glauben ist – Spuren von Rattengift; die amerikanischen Stichproben enthielten kein Rattengift, aber gewaltige Dosen (mehr als 1.120 mal so viel wie die japanischen Stichproben) von Herbiziden einschließlich starker Konzentrationen von Glyphosat, das bekanntermaßen Geburtsfehler hervorruft. Drittens war die Wachstumsrate – für ein weitaus höherwertiges Gemüse – von 70 Tagen auf 10 Tage reduziert worden. Viertens ist die „Produktdichte" (JNRNS-Analytiker bestehen immer noch darauf, das Wachstum als „Dichte" zu bezeichnen) pro Schicht über neunmal so hoch wie die eines traditionellen Bauernhofs. In anderen Worten gibt es auf der gleichen Bodenfläche neunmal die Dichte an Salat, wenn man das mit dem herkömmlichen Anbau auf freier Fläche vergleicht. Aber dies vernachlässigt die Tatsache, dass die von Robotern gebauten Nahrungsmittel-Paradiese typischerweise 16 oder 32 Schichten haben und jede Schicht nur 1,5 Meter hoch ist – kein Mensch betritt jemals eine der Schichten.

Es sind diese beiden letzten Statistiken – die Wachstumsrate und die Wachstumsdichte –, die anzeigten, dass Japan bereits 2031 Nahrung exportierte. Und das ultrareine japanische Obst und Gemüse war um so vieles besser als die traditionellen Produkte, die mit hohen Konzentrationen von Herbiziden gezogen wurden.

Zusammenfassend ist die JNRNS stolz darauf, Japan zum ersten Mal in der Geschichte zu einem Land gemacht zu haben, das Nahrungsmittel exportiert, und genauso stolz, im Hinblick auf Gemüse mit einzigartiger Reinheit den Weg gebahnt zu haben. Während die statistischen Daten immer noch etwas lückenhaft sind, scheint es, dass die sehr nährstoffreichen Paradies-Gemüse, die nun allen Schichten der japanischen Gesellschaft zugänglich sind, ein oder zwei Jahre zur durchschnittlichen Lebenserwartung der Japaner beigetragen haben.

18

JAPANISCHE WIRTSCHAFTSENTWICKLUNGSPARTNERSCHAFTEN 2041: EINE TOUR DES HORIZONTES

Von Hiroshi Takahashi
Institut für Internationale Studien, Tokio
Dienstag, den 22. Oktober 2041

ZUM ZEITPUNKT DER ABFASSUNG DIESES ARTIKELS gibt es 17 JWEPs (Japanische Wirtschaftsentwicklungspartnerschaften). Diese erstrecken sich in ihrer Größe von den winzig kleinen bis zu den riesengroßen Partnerschaften – von den beiden Entsalzungsanlagen in Madagaskar zu der riesigen Partnerschaft – mit einem passenden riesigen Namen - Nordwest-Australische Gemeinschaftliche Bergbau- und Explorationspartnerschaft.

Um die Wahrheit zu sagen, sind keine dieser Abkommen wirkliche Partnerschaften. Was sie in Wirklichkeit sind, ist der Einsatz der beeindruckenden Wirtschaftsmacht Japans heute, im Jahre 2041, um zu kaufen, was der Kaiserlichen Japanische Armee 1941 zu erobern nicht gelang.

●

Von allen diesen Partnerschaften ist die größte in Australien – mit dem schwerfälligen Namen – die widersprüchlichste. Um diese Situation zu verstehen, sei daran erinnert, dass der amerikanische Präsident Herbert Hoover im frühen 20. Jahrhundert als junger Bergbauingenieur Zeit in Nordaustralien verbrachte und die australischen Arbeiter generell als „Tölpel" bezeichnete. Es war die allgemeine Faulheit und Tendenz zur Trunkenheit, die den zukünftigen „Wunderknaben" zur Raserei brachte, der gemeinsam mit Roosevelt die spätere Große Depression hervorrief.

Vor fünfzig Jahren – in den 1990ern – hatten die Chinesen mit der aussichtslosen Idee, billige chinesische Arbeit einzuführen, vergeblich versucht, einige große Abbaugebiete zu kaufen, ganz wie bei dem viktorianischen Goldrausch der 1850er Jahre. Allerdings hatten sich die Chinesen nie die Mühe gemacht, die australischen Arbeitsgesetze zu lesen, die die Arbeitsstunden der Arbeiter streng einschränkten – ungeachtet der Nationalität oder Rasse. Außerdem entstanden für den Arbeitgeber sehr hohe Zahlungslasten – kostenlose Flugreisen alle 28 Tage; jeder vierte Monat frei mit

DIE LETZTE BASTION DER ZIVILISATION

doppelter Urlaubsvergütung und so weiter und so fort. Am Ende schlugen die chinesischen Staatsunternehmen die Hände über dem Kopf zusammen und gaben auf. Die einzigen permanenten Erinnerungen waren die rachsüchtigen und jammernden Beschwerden im Sprachrohr der chinesischen Regierung, der Zeitung *China Daily*.

●

Als der Japanische Rat für Wirtschaftsentwicklung die Partnerschaft mit der Westaustralischen Regierung in Perth zuerst vorschlug, reagierte die Staatsregierung mit Bereitwilligkeit. Die ersten Schritte waren allerdings von ein paar Fehltritten begleitet: Der Bergbauminister der Staatsregierung, der für die Verhandlungen zuständig war, prahlte auf einem entwendeten kurzen Soundclip, dass „wir die Chinesen gefickt haben, also können wir auch genauso gut die Japaner ficken."
Für den Minister bedauerlicherweise, ereignete sich aber das Gegenteil. Die Falle, die die japanischen Verhandlungsführer legten, bestand darin, dass sie darauf bestanden, das chinesische Originalabkommen ohne irgendwelche Veränderungen und nur mit einem einzigen Nachtrag zu verwenden. Die Westaustralier waren so verdattert, dass sie den aus 57 Wörtern bestehenden Nachtrag kaum ansahen. Es schien harmlos, dass

die japanische Bergbaufirma Yamato Mining and Trading Corporation für alle Sicherheit auf dem Grund und Boden der Partnerschaft alleinig verantwortlich sein sollte, *im Einklang mit den existierenden Gesetzen Westaustraliens.*

Natürlich waren die Australier in Perth von dem groben Fehler hocherfreut, den die Japaner gerade so offensichtlich begangen hatten. Aber in Wirklichkeit sah es etwas anders aus. Bevor die Japaner die Regierung in Perth kontaktiert hatten, war ihr erster Schritt gewesen, das chinesische Originalabkommen eingehend zu prüfen; im zweiten Schritt hatten sie sich mit der westaustralischen Rechtsprechung in Bezug auf den Bergbau auseinandergesetzt.

Wie vorher erwähnt, scheiterte das chinesische Projekt daran, dass die Chinesen in fahrlässiger Weise versäumt hatten, die Arbeitsgesetze für Angestellte und Dienstleister zu überprüfen. Im Gegensatz zu den nachlässigen Chinesen hatten die Japaner sich der Baker & McKenzie-Kanzlei in Tokio bedient, um die Details der westaustralischen Arbeitsgesetze zu verstehen. Der Leiter der japanischen Delegation hat Berichten zufolge in der vertraulichen Vorverhandlungs-Lagebesprechung in Tokio gesagt: *„Der Bericht von Baker ist sehr gut, aber er versäumt es, das Fehlen von zwei Wörtern zu erwähnen; der Baker-Bericht beschreibt Arbeitsgesetze*

DIE LETZTE BASTION DER ZIVILISATION

für ‚Angestellte und Dienstleister'. Er sollte aber eigentlich genauer ‚Arbeitsgesetze für menschliche Angestellte und menschliche Dienstleister aufführen."

Und das war der Kernpunkt der japanischen Strategie, in dem sich der japanische Ansatz komplett von dem der Chinesen unterschied. Wie immer war der chinesische Ansatz billige Muskelkraft, und wie immer war der japanische Ansatz teure Intelligenz.

●

Die sogenannte Partnerschaft umfasste ursprünglich 9 % des Landes von Westaustralien, und weitere 2 % wurden später hinzugefügt. Wie ein überraschend scharfsinniges Mitglied der Grünen Partei im westaustralischen Parlament schimpfte: *„Wir haben gerade ein großes Stück Westaustraliens an die Japaner verkauft."*

Als dem Präsidenten der Yamato Mining and Trading Company, der ein eifriger Leser der Geschichte seines neuen Lehnswesens war, von diesem Kommentar berichtet wurde, stellte er fest: „Nicht alle sind Tölpel…"

●

Und so kam es, dass die Japaner in der Lage waren, einige der reichsten und wertvollsten Bergbaugebiete der Erde zu kontrollieren. Noch dazu mit vollständiger und absoluter Sicherheitskontrolle dieser ausgedehnten Landstriche.

●

Der erste Schock für die Staatsregierung in Perth kam unbequem früh. Der Bergbauminister der Staatsregierung war darauf erpicht den Deal voranzutreiben, hauptsächlich als sein Sprungbrett zum Amt des Premierministers. Also fühlte er einen kleinen Schock und schon etwas größere Besorgnis, als er von dem japanischen Plan für die Sicherheit der Liegenschaften hörte. Der Bergbauminister brachte das Thema der Arbeitsstunden für die Sicherheitsdienstleute auf. Die Japaner bei diesem Treffen sahen überrascht auf und fragten: „Was für Dienstleute?"

Der Bergbauminister, nun etwas weniger großspurig und hochfahrend, erwähnte die Dienstleister, die die Chinesen einzustellen gezwungen waren. Die Japaner erklärten geduldig, dass es keine Dienstleister geben würde, keine Angestellten, ja dass überhaupt keine wirklichen Menschen im Sicherheitsbereich arbeiten würden.

Nun fing der Minister an, in Panik zu geraten, und fragte – halb drohend, halb flehend – wie denn dann Sicherheit gehandhabt werden würde? Die Japaner legten langsam und sorgfältig den Plan der Firma

DIE LETZTE BASTION DER ZIVILISATION

Yamato dar, nämlich keine Menschen zu verwenden; die gesamte Sicherheitsabteilung würde automatisiert und zentral vom Yamato-Sitz in Tokio gesteuert werden.

„Aber was ist mit den Versprechen, die Sie gemacht haben, australische Arbeiter einzustellen?", fragte der Minister, der nun scharlachrot anlief. Die Mitglieder des japanischen Teams blickten einander mit echter Überraschung an.

„Welche australischen Arbeiter?", kam die höfliche Frage vom Leiter der japanischen Delegation.

„Alle, die Sie versprochen haben einzustellen."

Der Japaner pausierte und fragte dann unschuldig, wie sich herausstellte: „Welches Versprechen?"

Der australische Minister stand nun auf, lehnte sich nach vorne und bellte:

„Die Versprechen in dem verdammten Abkommen, das Sie unterschrieben haben."

Jetzt waren die Japaner vollkommen verblüfft. Sie übergaben die englische Version des Abkommens diesem Schwein von einem Minister und verlangten, dass er ihnen das Versprechen schwarz auf weiß zeigte.

Als der Minister bemerkte, dass er das Abkommen, das vor ihm lag, mit einem groben Entwurf des früheren chinesischen Abkommens verwechselt hatte, sackte er plötzlich in seinem Stuhl zusammen.

Tobend versuchte der Minister, sich auf verrückte Weise herauszureden:

„Nun, es ist nicht buchstäblich niedergeschrieben, aber es war ein klares Einverständnis. Ein Deal mit Ehrenwort, wie wir Westaustralier ihn oft schließen."

Die eigenen Teammitglieder des Ministers fühlten sich angeekelt, und der Führer der öffentlich Bediensteten versuchte, die Gemüter zu besänftigen, indem er sagte:

„Herr Minister, vielleicht ist es am besten, wenn wir uns für einen Moment zurückziehen, um das Abkommen noch einmal durchzugehen."

Der Minister nickte kleinlaut.

Diese kleine menschliche Komödie ereignete sich um 11.07.

●

Um 11.45 gab das Büro des Premierministers bekannt, dass der Minister sich „bedauerlicherweise und schweren Herzens" dazu entschlossen hatte, sich „aufgrund von gesundheitlichen Problemen" vom öffentlichen Leben zurückzuziehen.

Wie ein Witzbold im Presseamt aufzeigte: „Dieses fette Schwein hat sich in seiner eigenen Speckschlinge gefangen."

●

DIE LETZTE BASTION DER ZIVILISATION

Es war nach diesem stürmischen Treffen, als die Australier das Ausmaß ihres Fehlers bemerkten; eine fremde Macht hatte nun komplette und absolute Kontrolle und Herrschaft über neun Prozent des gesamten Staates, eines Staates der viermal so groß war wie Texas.

●

Kleinlaut schwatzten die Australier untereinander in Kneipen und Bars darüber, wie „die Japsen nie Erfolg haben werden, ohne dass wir ihnen zeigen, wie es geht ..." Aber es stellte sich heraus, dass in diesem Punkt das Gegenteil der Fall war. Die Firma Yamato „brachte es nicht nur zum Erfolg", sondern sie schaffte es sogar, ohne den Australiern Zutritt zu ihren Liegenschaften zu gewähren.

Was die Australier nicht wussten war, dass Yamato diese Erschließung von Rohstoffen schon seit über einem Vierteljahrhundert in weit entfernten, fremden Breiten geplant hatte. Schon im Jahr 2020 hatte Yamato erste Arbeiten vor Ort in der alten Ashio-Kupfermine in der Tochigi-Präfektur begonnen, und zwar mit den ersten – und außergewöhnlich unausgereiften – Versionen des Hydra-Robotte-Systems.

Die Grundprinzipien des Hydra-Robotte haben sich seit den frühen 2020ern nicht geändert. Im Wesentlichen besteht es aus neun winzigen, unabhängigen

Armen oder Antennen, die winzige Mengen Erde mit den individuellen Zähnen der Antennen abknabbern. Diese Erde wird in ein mikroskopisches Massen-Spektrometer, das sich fünf Zentimeter von den Zähnen entfernt auf dem individuellen Arm befindet, weitergeleitet. Die Daten werden dann an die Oberfläche gesendet und dann wiederum zum Datenzentrum in Tokio. Außer der erstaunlichen Kunstfertigkeit der Ingenieure bei der Erschaffung der mikroskopischen Antennen mit ihren Diamantschneidern war der zweite kritische Durchbruch die Software, die die Inputs von neun unabhängigen Antennen kombinierte.

In überraschender Geschwindigkeit – durchschnittlich zehn Meter pro Stunde – fuhr die Hydra Robotte über die Schicht des Minerals, während sich die neun Arme alle unabhängig voneinander bewegten. Natürlich musste die Robotte einige Male hin- und her schwirren, da sie sich manchmal für ein paar Meter rückwärts bewegte, wenn die Schicht, der sie folgte, sich plötzlich wendete, aber dies passierte nicht so oft, wie man ursprünglich erwartet hatte – Mutter Natur mochte schön fließende Übergänge in all ihren Mineralien.

DIE LETZTE BASTION DER ZIVILISATION

Einer der interessantesten Aspekte der Hydra-Robotte, der zuvor noch nicht beschrieben wurde, ist ihr Gebrauch von radioaktiven Differential-Isotopen als Markierungsmittel – sozusagen die Brotkrümel der modernen Zeit. Das Design der Robotte besteht aus zwei Phasen – zuerst macht die Robotte eine interessante Schicht ausfindig; in der zweiten Phase läuft der eigentliche Extraktor. Während der Querschnitt-Formfaktor jeder der neun Antennen weniger als einen Quadratmillimeter beträgt, ist der des Extraktors über neun Quadratmeter groß. Obwohl der Extraktor hauptsächlich aus Muskeln besteht, ist seine programmierte Rückverfolgung der Wege, die die Hydra-Robotte gebahnt hat, nachgewiesen und wird aufs Neue kalibriert, indem die Differential-Isotope geprüft werden (ein Differential-Isotop besteht aus drei verschiedenen radioaktiven Isotopen, die in den Boden injiziert werden, wobei jede Injektion einzigartig ist, denn das Verhältnis von Isotopenanteilen ist in jedem Fall unterschiedlich; es ist im Wesentlichen ein radioaktiver Fingerabdruck).

Es war diese gewagte, aber peinlich genau getestete, revolutionäre fortschrittliche Robotik-Technologie, die die Yamato Corporation innerhalb von nur 10 Jahren zur weltweit führenden Bergbaufirma machte. Rückblickend war es ganz eindeutig, so wie alle Dinge im

Rückblick eindeutig sind. Im Fall der Bergbauindustrie hatte diese Branche schon seit 150 Jahren nach wirklicher Automatisierung verlangt.

Vor Yamato war es der Hauptansatz der Bergbauautomatisierung gewesen, menschliche Bergarbeiter produktiver zu machen. Aber der offensichtliche Mangel dieses Ansatzes war, dass er nur eine Wirkung hatte: Er gab den Tölpeln mehr Macht.

Im Gegensatz dazu beseitigte das Grüne-Wiese-Design der Yamato-Ingenieure den Bedarf für teure, unverlässliche, fordernde und faule menschliche Bergarbeiter – keine Tölpel mehr.

DANKSAGUNGEN

Wie bei Der Göttin verwandelte Dean Lekos geschwollene, verwirrende und obskure Prosa in etwas Leserliches.

Miss Yoko Ito stellte weitere Korrekturlesungen zur Verfügung.

BIBLIOGRAPHISCHE ANMERKUNGEN

DIE FOLGENDEN BÜCHER UND ARTIKEL waren von entscheidender Bedeutung beim Verfassen des Buches *Die letzte Bastion der Zivilisation*. Der Leser kann andere Tatsachen und Zitate mittels Google und Wikipedia überprüfen. Alles geistige Eigentum gehört den jeweiligen Inhabern.

Um das Lesen zu erleichtern und einfacheren Zugriff auf diese Anmerkungen zu ermöglichen, sind die unten angegebenen Links auch auf www.Andrew-Blencowe.com verfügbar.

Hält der Leser die oben erzählte Geschichte für an den Haaren herbeigezogen, dann wird der folgende kurze, 14-minütige Film vermutlich aufschlussreich sein:
> https://www.youtube.com/watch?v=bXn1xavynj8

Erschaffen von einer jungen Filmemacherin und ihrer außergewöhnlich mutigen Schauspielerin, zeigt dieser Film die rauen Schattenseiten Amerikas – heute – im Jahr 2015.

VERGLICHEN MIT
> https://www.youtube.com/watch?v=QQ16XqAc2Ck

ANDREW BLENCOWE

EINFÜHRUNG

- Colvin, Ian Goodhope. *The Chamberlain Cabinet.* New York: Taplinger Pub. Co., 1971

    „Das größte Phänomen von Massenvergewaltigung in der Geschichte...."

- Beevor, Antony. *The Fall of Berlin 1945.* New York: Viking, 2002.

- Warum gibt es in Japan keine Plünderungen?
    http://blogs.telegraph.co.uk/news/edwest/100079703/why-is-there-no-looting-in-japan/
    „Historische Erzählungen von gewalttätigen Vergangenheiten waren schon immer nützliche Instrumente für Politiker, um ihre existierenden Ordnungen zu legitimieren oder zu versuchen, nationale Identitäten zu verfälschen," schreibt Maarten Van Alstein vom flämischen Friedensinstitut ....
    http://www.economist.com/news/international/21610241-how-britains-former-dominions-remember-war-propelled-them-independence

DER AUFSTIEG DES JAPANISCHEN SUPERSTAATS – 2010 BIS 2040

- Aber ein wesentlicher [Gesichtspunkt] muss sein, dass das durchschnittliche wohlhabende Kind nun 6.000 Stunden mehr bereichernde Aktivitäten bekommt – zum Beispiel Vorlesen, Ins-Museum-Gehen, Sportunterricht oder andere

THE LAST BASTION OF CIVILIZATION

Arten der Stimulation durch Erwachsene – als das durchschnittliche arme Kind, und diese Lücke ist seit den 1970ern stark gewachsen ....
http://in.reuters.com/article/2014/06/09/
us-summers-inequality-idINKBN0EK17C20140609

- Japan hat eine der am besten ausgebildeten Bevölkerungen der Welt... Der Anteil der Schüler, die die Schulausbildung abbrechen, beträgt in etwa 2 %...
http://japanese.about.com/od/japaneselessons/a/061000.htm

VERGLICHEN MIT

- In manchen Landkreisen in Kalifornien brechen mehr als 30 % der Schüler ihre Schulausbildung ab...
http://www.kidsdata.org

- **Arthur Herman: Japans kommende Drohnenrevolution**
http://asia.nikkei.com/magazine/20141002-REINVENTING-THE-MALL/Tech-Science/Arthur-Herman-Japan-s-coming-drone-revolution

- **Putnam beginnt seine Analyse mit einer Charakterskizze seiner Heimatstadt Port Clinton, Ohio, wo er 1959 die Highschool abschloss. Er merkt an, dass, während es damals Klassenunterschiede gab, der Grad von sozialer Gleichheit viel höher war: Kinder der wohlhabendsten Familien der Stadt freundeten sich mit Kindern der Arbeiterklasse an. Diese Gleichheit wurde von einer wesentlichen sozialen Realität untermauert: Absolut jeder, Reich oder Arm, wuchs in einer Familie mit zwei Eltern auf, in denen die Väter geregelte Jobs**

hatten. Dann spult er zur Gegenwart vor, wo Deindustrialisierung zu einer sozialen Transformation geführt hat, in der der Anteil von Kindern mit unverheirateten Eltern auf 40 Prozent stieg, während Drogenmissbrauch und Verbrechen wucherten. In der Zwischenzeit ist an den Ufern des Eriesees eine neue Reihe von bewachten Luxuswohnanlagen aufgetaucht ….
http://www.ft.com/intl/cms/s/0/6b7cd1f0-c1c1-11e4-bd24-00144feab7de.html

- Eine Studie von 2012, die 16- bis 65-jährige in 20 Ländern verglich, fand heraus, dass Amerikaner sich mit ihren rechnerischen Fähigkeiten in den untersten 5 Rängen befinden….
http://www.nytimes.com/2014/07/27/magazine/why-do-americans-stink-at-math.html?_r=0

- Steigende Unehelichkeit: Amerikas Sozialkatastrophe
http://www.heritage.org/research/reports/1994/06/rising-illegitimacy

R**3: ROBOTER, DIE ROBOTER BAUEN, DIE ROBOTER BAUEN, EINE UMGANGSSPRACHLICHE GESCHICHTE

„DIGITALE NASE" AUF EINEM CHIP KANN KRANKHEITEN ERSCHNÜFFELN
http://edition.cnn.com/2014/12/19/tech/innovation/digital-nose-disease-breathalyzer/

DAS BEENDEN DER DÜRRE IN DER KONFÖDERATION NORDCHINAS

THE LAST BASTION OF CIVILIZATION

- Verschmutzung steigt, China bangt um Boden und Nahrung
  http://www.nytimes.com/2013/12/31/world/asia/good-earth-no-more-soil-pollution-plagues-chinese-countryside.html?_r=0

- Nordchina geht das Wasser aus, aber die Lösungen der Regierung sind ein potenzielles Desaster sein...
  http://www.economist.com/news/china/21587813-northern-china-running-out-water-governments-remedies-are-potentially-disastrous-all

- Wasser in China
  http://www.economist.com/news/leaders/21587789-desperate-measures

- China gibt weitverbreitete Bodenverschmutzung in geheimem Staatsbericht zu
  http://www.ft.com/intl/cms/s/0/c250bd4c-c6b4-11e3-9839-00144feabdc0.html#axzz3aYbAmRiy

SIEHE AUCH:
http://www.bloomberg.com/news/articles/2013-10-28/cancer-express-carries-sufferers-of-india-s-deadly-waters

HYPER-GEWALT IN AMERIKA – DAS „WOLFIE"-PHÄNOMEN

„Das ‚Knockout'-Spiel, auch bekannt als ‚Eisbär-Spiel,' ist ein furchtbarer Trend unter Teenagern"

ANDREW BLENCOWE

- http://nymag.com/daily/intelligencer/2013/11/knock-out-game-terrifying-teen-trend.html

DIE DESIGNKONZEPTE DES F89 HYPERKAMPFFLUGZEUGS

- Ein Elefant auf deinem Schoß: Fliegen in einer F-16
  http://edition.cnn.com/2014/11/07/travel/fly-with-air-force-thunderbirds/

PERLEN VOR DIE SÄUE: SCHWEINE UND DER ZUSAMMENBRUCH DES KOMMUNISTISCHEN CHINA

- Die Korruption in Chinas Militär beginnt mit dem Kaufen eines Jobs
  http://www.bloomberg.com/news/articles/2014-07-01/chinese-families-pay-16-000-for-kids-to-pass-army-entrance-exam

- Königreich des Schweins – Chinas unersättlicher Hunger auf Schweinefleisch ist ein Symbol des Aufstiegs des Landes. Er ist auch eine Gefahr für die Welt.
  http://www.economist.com/news/christmas-specials/21636507-chinas-insatiable-appetite-pork-symbol-countrys-rise-it-also?fsrc=rss

- Können wir eine Antibiotika-Apokalypse vermeiden?
  http://www.ft.com/intl/cms/s/2/8be857b4-5d3d-11e3-81bd-00144feabdc0.html

THE LAST BASTION OF CIVILIZATION

- Die Antibiotika, die dich umbringen könnten
  http://edition.cnn.com/2014/04/22/opinion/blaser-antibiotic-winter/

- Antibiotika-Resistenz „ein so großes Risiko wie Terrorismus" – medizinischer Leiter
  http://www.bbc.com/news/health-21737844

DIE ENTMANNUNG DES AMERIKANISCHEN MANNES DURCH ÖSTROGEN-VERGIFTUNG

- Die durchschnittlichen Werte des männlichen Hormons fielen um ein Prozent pro Jahr, wie Dr. Thomas Travison und seine Kollegen an den New England Research Institutes in Watertown, Massachusetts, herausfanden. Dies bedeutet, dass zum Beispiel ein 65-jähriger Mann 2002 Testosteronwerte hatte, die beinahe 15 Prozent geringer sind als die eines 65-Jährigen im Jahr 1987. Es bedeutet auch, dass 2002 ein größerer Anteil Männer Testosteronwerte hatte, die unter dem Normalwert lagen, als 1987.
  http://www.washingtonsblog.com/2012/04/man-up-boost-your-testosterone-level-for-health-power-and-confidence.html

- Ein auf Glyphosat basierendes Herbizid führt in reifen Hodenzellen von Ratten in vitro Nekrose und programmierten Zelltod herbei und setzt Testosteronwerte herab.
  http://www.ncbi.nlm.nih.gov/pubmed/22200534

ANDREW BLENCOWE

- Giftigkeit von Herbiziden und Glyphosat wurde sehr stark unterschätzt
  http://articles.mercola.com/sites/articles/archive/2013/07/30/glyphosate-toxicity.aspx

- Pränatales Ausgesetzsein zu Phtalat und anogenitaler Abstand bei schwedischen Jungen
  http://ehp.niehs.nih.gov/1408163/

- BPA könnte laut Studie Testosteronwerte verringern
  http://www.huffingtonpost.com/2013/05/09/bpa-testosterone-bisphenol-a-_n_3246042.html

- Verhältnis zwischen Bisphenol-A-Werten im Urin und abnehmender männlicher Sexualfunktion
  http://www.ncbi.nlm.nih.gov/pubmed/20467048

- Endokrine Störfaktoren im Trinkwasser: Östrogenaktivität auf der E-Screen
  http://www.sciencedirect.com/science/article/pii/S0960076010003572

- Reproduzierbarkeit von Harn-Phtalat-Metaboliten in den ersten Morgenurin-Proben.
  http://www.ncbi.nlm.nih.gov/pmc/articles/PMC1240840/

DIE KAMPAGNE VOM 20.2.2020: JAPAN STEHT SCHLIESSLICH STOLZ DA

THE LAST BASTION OF CIVILIZATION

- Vergewaltigung eines 12-jährigen japanischen Schulmädchens in Okinawa durch drei amerikanische Schwarze, siehe
  http://en.wikipedia.org/wiki/1995_Okinawa_rape_incident

- Am 13. August 2004 stürzte ein Helikopter des US-Marine-Corps auf das Gelände der Internationalen Universität Okinawa in Ginowan, verletzte dabei die drei Soldaten an Bord und verursachte ein großes Feuer. Obwohl der Vorfall auf zivilem Grund und Boden geschah, sperrten die US-Truppen die Szene ab und versperrten den Polizeifahndern den Zugang.
  http://www.japantimes.co.jp/life/2014/08/09/lifestyle/okinawa-pocket-resistance/

- Tausende protestieren in Tokio gegen die Anwesenheit von US-Militär in Japan
  http://www.dailymail.co.uk/news/article-1247281/Thousands-protest-Tokyo-U-S-military-presence-Japan.html

- Ein langer Kampf um einen neuen Militärstützpunkt spitzt sich zu
  http://www.economist.com/news/asia/21643232-long-running-struggle-over-new-military-base-coming-head-showdown

BRIDGESTONE-STERNE

- Tokio besiegt Paris mit mehr Michelin-Sternen und besserem Essen

ANDREW BLENCOWE

- *Im Jahr 2007 veröffentlichte Michelin seinen allerersten Restaurantführer für Tokio und verlieh der Stadt mehr Sterne als Paris. Jean-Luc Naret, Michelins damaliger redaktioneller Direktor, sprach mit Nachdruck: „Tokio," sagte er, „ist mit Abstand die Welthauptstadt für Gastronomie," ein Kommentar, der ebenso sehr als Beleidigung von Paris und damit Frankreichs verstanden wurde wie als Kompliment für Tokio ....*

- *Um diesen Punkt zu veranschaulichen: Er erwähnt einen anderen Fisch, den er benutzt – den Goldaugenschnapper. Er zieht es vor, ihn mit der Haut zu servieren, aber um das zu tun, so sagt er, muss er die Meerestiefe wissen, in der der Schnapper gefangen wurde; bei einer Tiefe von mehr als 200 Metern (655 Fuß) macht der Wasserdruck die Haut zu zäh. Was ich noch nicht ganz verstehe, aber im Begriff bin herauszufinden, ist, dass diese zwanghafte Liebe zum Detail in Tokio nichts Außergewöhnliches ist. Sie ist typisch – und nicht nur für die Luxusrestaurants.*
  http://www.bloomberg.com/news/articles/2013-05-14/tokyo-tops-paris-with-more-michelin-stars-and-better-food

- **Tokio behält den Titel als Gastronomiehauptstadt der Welt**
  http://www.telegraph.co.uk/foodanddrink/foodanddrinknews/8923101/Tokyo-retains-title-as-worlds-food-capital.html

- **Japan genießt seinen Status als Land mit den meisten Restaurants mit drei Michelin-Sternen**
  http://www.telegraph.co.uk/foodanddrink/foodanddrinknews/8835949/

THE LAST BASTION OF CIVILIZATION

Japan-relishes-status-as-country-with-most-three-starred-Michelin-restaurants.html

JAPANISCHE „PARADIESE" REINSTER NAHRUNGSMITTEL

http://www.businessinsider.com/heres-what-happens-now-that-american-farmings-fat-years-are-over-2014-12

„Japan ist kein Land für alte Bauern, da 7-Eleven Fuß fasst"

- http://www.bloomberg.com/news/print/2014-02-26/japan-no-country-for-old-farmers-as-7-eleven-takes-plow.html

JAPANISCHE WIRTSCHAFTSENTWICKLUNGSPARTNERSCHAFTEN 2041 – EINE TOUR DES HORIZONTS

- **Drohnen tun sich mit Robotern für die High-Tech-Zukunft im riskanten Bergbau zusammen**
  http://www.bloomberg.com/news/articles/2014-04-03/drones-join-robots-in-high-tech-future-for-risky-mines

- **Japanisches Team dominiert Wettbewerb, in dem eine Generation von Rettungsrobotern geschaffen werden soll**
  http://www.nytimes.com/2013/12/23/science/japanese-team-dominates-competition-to-create-rescue-robots.html

ÜBER DEN AUTOR

DER AUS MELBOURNE, AUSTRALIEN, STAMMENDE Andrew Blencowe entdeckte schon früh in seinem Leben, wie es ist, am Rand des Abgrunds zu leben. Während seiner Highschool-Jahre brach er die Schule ab, um Motorrad-Rennfahrer zu werden. Als Computerfreak wurde er mit Anfang Zwanzig Gründer und Firmenchef eines internationalen Software-Unternehmens mit Zweigstellen auf fünf Kontinenten. Seine internationale Sichtweise und sein Drang, Vermutungen in Frage zu stellen, sind es, die seine schriftstellerischen Interessen beeinflussen.

Erfahren Sie mehr auf **AndrewBlencowe.com**, unter anderem auch Einzelheiten zu Blencowes fiktivem Geschichtsroman zum Zweiten Weltkrieg *Die Göttin des Schicksals,* jetzt erhältlich.

www.ingramcontent.com/pod-product-compliance
Lightning Source LLC
Chambersburg PA
CBHW022113040426
42450CB00006B/678